# 长胜思维

[美] 阿里·瓦拉赫(Ari Wallach) 著
笪舒扬 译

# LONGPATH
Becoming the Great Ancestors
Our Future Needs—An
Antidote for Short-Termism

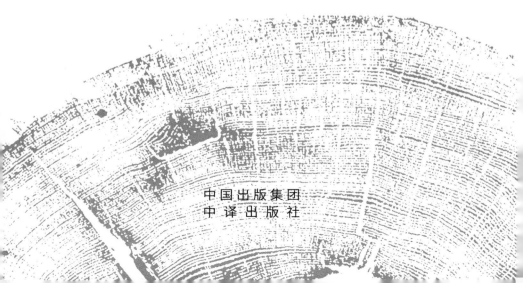

中国出版集团
中译出版社

#### 图书在版编目（CIP）数据

长胜思维 /（美）阿里·瓦拉赫 (Ari Wallach) 著；笪舒扬译 . -- 北京：中译出版社 , 2023.9

书名原文：Longpath: Becoming the Great Ancestors Our Future Needs – An Antidote for Short-Termism

ISBN 978-7-5001-7425-7

Ⅰ.①长… Ⅱ.①阿…②笪… Ⅲ.①思维方法 Ⅳ.① B804

中国国家版本馆 CIP 数据核字（2023）第 102889 号

---

LONGPATH: Becoming the Great Ancestors Our Future Needs – An Antidote for Short-Termism, Copyright © 2022 by Ari Wallach.
Published by arrangement with HarperOne, an imprint of HarperCollins Publishers.
Simplified Chinese translation copyright © 2023
by China Translation & Publishing House
ALL RIGHTS RESERVED

Excerpt from *Timeless Simplicity* by John Lane, published by Green Books, www.greenbooks.co.uk, is used by permission.

Permission to quote from the works of J. Krishnamurti or other works for which the copyright is held by the Krishnamurti Foundation of America or the Krishnamurti Foundation Trust Ltd. has been given on the understanding that such permission does not indicate endorsement of the views expressed in this media.

Excerpt from *The Making of Star Trek* by Stephen E. Whitfield and Gene Roddenberry, © 1968, published by Ballantine Books, is used by permission.

著作权合同登记号：图字 01-2023-2079

---

长胜思维
CHANGSHENG SIWEI

出版发行／中译出版社
地　　址／北京市西城区新街口外大街 28 号普天德胜大厦主楼 4 层
电　　话／（010）68005858，68358224（编辑部）
传　　真／（010）68357870
邮　　编／100088
电子邮箱／book@ctph.com.cn
网　　址／http://www.ctph.com.cn
策划编辑／郑　南
责任编辑／张若琳
营销编辑／白雪圆　喻林芳
版权支持／马燕琦
封面设计／潘　峰
排　　版／北京铭轩瑞雪文化传播有限公司
印　　刷／北京盛通印刷股份有限公司
经　　销／新华书店
规　　格／880 毫米 ×1230 毫米　1/32
印　　张／6.5
字　　数／100 千字
版　　次／2023 年 9 月第 1 版
印　　次／2023 年 9 月第 1 次
ISBN 978-7-5001-7425-7　　定价：58.00 元

---

版权所有　侵权必究
中　译　出　版　社

我在努力成为后代子孙的伟大祖先,但首先,我希望是位伟大的父亲。我将这本书献给我的孩子们:埃利安娜、鲁比和吉迪恩,献给现在及未来的你们。

一天,乔尼在路上看见有个人正在种角豆树。乔尼问那人:"这树要过多少年才会结果呢?"那人回答:"70年吧。"乔尼又问:"你真的相信自己还能活70年吗?"那人答道:"我发现这世上有角豆树,正如我的祖先为我栽种它们一样,我也要为我的后代种植它们。"

——《塔木德》[①]

---

[①] 《塔木德》为犹太法典,是一整套有关犹太教宗教律法、传统习俗、祭祀礼仪等内容的论著和注疏。——译者注(后注均为译者注)

# 序言

在意大利罗马市中心,巍然屹立着罗马斗兽场。其高耸的外墙并未使用砂浆,而是由数百万立方米的石灰华石堆砌而成。直至今日,我们仍可以参观这个标志性的建筑,并为之震撼。我们可以站在角斗士曾经站过的地方,想象5万多名观众欢声雷动、群情激昂的情景。抬眼望去,映入眼帘的是建于公元80年的观众席,那时现场常常座无虚席,人头攒动。观众们在炙热的阳光下一边吃着鹰嘴豆,一边喝着葡萄酒,等待着下一个精彩瞬间。在下方的隧道里,珍稀动物在踱步,角斗士们(大多是奴隶或罪犯)等待着命运的宣判。罗马斗兽场场内弥漫着血、汗和腐烂的气息。在这里,生与死的界限模糊不清。

一旦进入这个空间,就能感知皇帝和平民不同的生活,亲历平凡男女的人生。在这些古罗马人的真实生活中,交织着恐惧与欢乐、欲望与满足、压力与梦想。也许你能在他们身上看到自己的影子，抑或在自己身上看到他们留下的痕迹。

现在，请大家遥想公元4020年的景象，恐怕很难预测吧。但这一时间点距离我在2022年写下这本书，同角斗士时代距今的时间跨度一致。到那时，罗马的居民和游客会看到怎样的画面？他们会如何想象我们今天的生活？他们会参观足球场，想象球迷们的吼声吗？他们会付费参观一辆韦士柏①燃油踏板车的残骸吗？如今，模拟结果发现交通堵塞会使一名普通的驾驶者每年有254个小时受困于一个有四个轮子的金属盒子，他们会为这一结果感到惊叹吗？他们会用老配方重现杰拉托②意式冰激凌吗？比萨还流行吗？他们会怎样看待我们目前所面临的问题？当他们看到显示着气温急剧上升，干旱频发的图表时，他们是会怨恨我们，还是会为我们采取的行动

---

① 韦士柏（Vespa）是意大利摩托车品牌，成立于1946年，专注于制造两轮轻便踏板式摩托车。
② 杰拉托（Gelato）是著名的冰激凌品牌，"gelato"在意大利语中意为"冰激凌"。

序言

感到骄傲？当他们想象全球疫情引发的混乱局面，他们会对我们的应对方式感到困惑还是同情？在不久的将来，我们将成为他们古老的过去，成为他们的历史。他们会怎样书写我们的生活？

我爱以这样的方式来看待时间。虽然罗马斗兽场这个案例颇为宏大，但是也可以找到更贴近生活的时间谜题。对于出生在 X 世代①的人，或者像我一样年长一些的读者，想想你在 1990 年的处境，当时在想些什么？穿什么样的衣服？听什么样的音乐？你所面临的最紧迫的问题是什么？这些似乎并不是很久以前的事，对吧？现在，只要稍作计算就会发现，此时距离 2050 年的时间可比距离 1990 年的时间要短。到 2050 年，大家就会在"怀旧金曲"频道听到今天我们在声田②上听到的"今日热门歌曲"。如果你尚未察觉，我想提醒你，昨日不可想象的未来已然到来。

这本书将会延伸你的时间、延展你的大脑和心灵，从而帮助你成为未来人类所需的伟大祖先。我们将一起探索如何用更宽广的视角看待时间，外加发挥我们的情感和协

---

① X 世代指的是出生于 1965 年至 1980 年的人。
② 声田（Spotify）是一个流媒体音乐服务平台。

· 3 ·

作优势,从而成为伟大的祖先,并且指导我们自己的生活。我们将展望4020年,畅想居住在地球上的人是什么样的,他们会关心什么,以及今天我们如何打好基础以帮助他们实现最美好的生活。更重要的是,我们将认识到,此时此刻,正是我们对后代的生活产生重大影响的一个极佳的时机。让我们就此开始吧。

## 第一章 活着
长胜思维:在潮间期拥有蜻蜓般的视野·················· 1

## 第二章 改变
跨代共情、未来思维和终极目标·················· 39

## 第三章 实践
回顾过去,反躬自省,展望未来·················· 65

## 第四章 创造
构建和创造未来的能力·················· 103

## 第五章 繁荣
愿景、对话、引导和存在方式·················· 145

后记·······································179
长胜思维的大趋势·························183
日记页·····································187
致谢·······································189
附录·······································193

# 第一章 活着

长胜思维:在潮间期拥有蜻蜓般的视野

关注并倾听全民的声音,增进全民福祉,不仅造福这一代,也要造福子孙后代,甚至遥远的世世代代——未来国家的新生命。

——摘自易洛魁联盟的创立文件《豪德诺索尼大法则》[①]

---

① 易洛魁联盟(The Iroquois Confederacy)是北美洲原住民联盟。易洛魁人常常自称为"豪德诺索尼",意为"长屋人民"。《豪德诺索尼大法则》(*The Great Law of the Haudenosaunee*),也被称为《和平大法则》(*The Great Law of Peace*),是易洛魁联盟的创立文件。

# 第一章 活着

翻开这本书的时候,你可能会想,既然题为《长胜思维》①,那么大概会从"千里之行,始于足下"这样的故事说起吧。你也可能以为会在书中读到连接美国东西海岸的洲际铁路的 20 年建造史,或是中国长城长达 200 年的建造历程,抑或是关于"登月"的故事。甚至你会觉得这本书会劝说大家切实地采取行动来应对气候变化,因为不久后就会有 10 亿的气候难民在地球上游荡,试图寻找住处和水源。我会在恰当的时候讲到这些内容,但说实话,关于人类未来的故事通常是从一些无足轻重的小事开始的,比如手机"嗡嗡"的振动声。

当时,我正在厨房里制作我的恐龙蛋大餐(切片热狗

---

① 长胜思维在英文中为"Longpath",直译为"长路",因此容易引发这样的联想。

和奶酪一起炒鸡蛋）。突然，我的口袋里振动了一下，是我们当地学校的应用程序发来了一个信息提醒。我那12岁的女儿鲁比的西班牙语作业在12秒前截止提交了，但她没有按时提交。我当时的反应似乎历经了几十万年的酝酿。各种化学物质和神经递质开始在我的大脑中释放，我为她没有及时提交作业感到愤怒。当然这种情绪的背后是我内心的羞愧（我是个什么样的家长），忧虑（如果她继续这样做，就无法进入理想的大学），以及一种根深蒂固的感受，感觉自己做错了什么，让大家失望了。而我今晚将会被推出洞穴，被迫独自与满口獠牙的猛兽战斗。这些情绪交织在一起，裹挟着我的身心，我必须要做出选择：是崩溃，发飙，对鲁比大吼大叫，还是按下暂停键……并遵循长胜思维的原则。

长胜思维是一种简单却影响深远的思维模式，意味着看待问题的视角从短期转向长期。这种思维模式让我在那半秒的停顿中意识到，化学物质和荷尔蒙正在我的体内迅速涌动，我想到那一刻之前的几十万年和之后的几十万年，意识到自己只是存在于巨链当中的一环。我想到了卡尔·萨根的描述，在这个不断延伸的宇宙时空当中，我不

## 第一章 活着

过是一个暗淡蓝点当中的一部分。半秒钟后,我意识到,鲁比是否知道 biblioteca① 的意思并不能决定她的未来或是整个人类的未来。最重要的是不要为错过提交作业而烦恼,我们可以在吃完晚饭后谈一谈,解决这个问题。重要的是保持心态平衡,因为我们即将一家人坐在一起。在这个仪式上,我与所爱之人交流的方式对鲁比的未来产生的影响要比错过一次作业上交的截止时间深远得多。在那之后稍晚些的时候,我还会做一件最重要的事——关掉她的学校发来的那些烦人的手机信息提醒。

我们都会经历这样的时刻,可能比我们意识到的更加频繁。我们生活在一个充斥着不断更新动态、通知和"突发新闻"的世界中,这些因素会使我们的皮质醇和肾上腺素水平迅速飙升,引起我们中枢神经系统产生战斗或逃跑反应。并且,如果控制得不好,我们就会陷入一堆阴燃的情绪残骸中。这是短期、即时性思维的结果,虽然有时很有价值,但如果不加以抑制,就会失控。我们忽略了更宏大的整体,忽略了那些在大局中对我们来说真正重要的东西。问题在于,无论是夜晚收到的一封令人苦恼的工作邮

---

① "biblioteca"是西班牙语,意为"图书馆"。

件，还是一位父亲由于觉得自己为女儿的西班牙语学习帮助不够而产生的歉疚，都会不断触发短期思维模式（思维模式是一套影响你的思考、感受和行为的信念）。

对大部分人来说，这种体验很常见，然而我们所面临的挑战要求我们超越这种思维和行为模式。有些时候，我们需要想得比"当下"更长远，想想此后的几个小时、几天、几年，甚至几代。长胜思维模式能够提供一种全新的看待世界的方式，培养我们的未来意识，缓解我们的焦虑。这种思维模式使我们超越自己的生命去思考和感受我们对子孙后代的影响。当然，也包括前辈们对我们的影响。

然而，长胜思维不仅仅是一句口号，一句"暂停正念"①的提醒，也不仅仅是一份"让明天更美好"的五步处方。它是一种以正确的心态行走世界的方法，能帮助我们优先考虑真正重要的事情，并认识到哪些事情并不重要。长胜思维是一种思维模式，一种存在方式，也是一种对待生命和宇宙的方法，旨在与所有其他生物以及非生物在时空上和谐共处——从9千米的高空视角，3万年前的过去视

---

① 正念（mindfulness）指对当下不带评价的觉知，这一概念来源于佛教。

## 第一章　活着

角和未来视角看待世界。长胜思维提醒我们,我们是宏大世界的一部分,虽然我们自身的生命有限,但我们应当成为子孙后代的伟大祖先。

这有可能听起来很沉重又很抽象,但长胜思维可以在建造跑道这类小事上得以体现。我的朋友米歇尔的镇上将要建造一个新的高中运动跑道和足球场,她是施工队的一员。为了在预算经费内按时完成这个项目,她承受着很大的压力。有一位供应商来找她,向她介绍一种新型的用玉米提炼的跑道表层材料。当时,她本打算直接拒绝。这种材料的使用寿命是原有材料的 5 倍,而且在制造过程中的碳排放量也较低,但它的成本很高,而且铺设过程耗时更长。她考虑到如果同意采用这种材料,自己就会承受更大的压力,因为她的团队只有如期按计划完成任务才能保障他们的奖金。

等一下,她想,这件事的最终目标是什么?是获得奖金,还是建造一个更耐用的体育场,避免几年后再重建?比起快速完成这个项目(虽然看起来效果不错),延迟完成这个项目并且提前投入资金显然更有意义。她决定至少要试试采用更好的材料。

长胜思维

　　米歇尔最初想要拒绝使用新材料,以及我最初想要为了鲁比的西班牙语作业没按时提交而责备她,这些都是人们非常普遍的反应:规避一个看似直接的威胁,试图融入社会,从而保障我们的短期利益。但是,当我们按下暂停键,考虑更宏大也更长远的图景,以及我们在其中的位置时,我们就在运用长胜思维了。随着时间的推移和不断的实践,米歇尔和我,理想的情况是我们所有人的暂停时间越来越短,直到长胜思维自然而然地成为我们思考、处理问题和最终塑造未来的方式。

第一章 活着

# 一名拉比①进入西点军校

  我的父亲出生于波兰。"二战"期间，德国人杀死了他的父母，使他成了孤儿。早在青少年时期，他就成为一名森林反抗军。他常常用带着浓重口音的英语说："如果你忘记了过去，你就不再拥有未来。明日发生之事始于昨日。"在这种时间观念的影响下，我逐渐长大。连我的孩子们也知道，是祖父在"二战"时选择奋起反抗，才有了自己的生命。他说，为了复仇，他不仅仅想杀死纳粹分子，他还要生很多孩子，有很多后代。

  我父亲的故事对我的人生影响深远，但我不止继承了这些。我的母亲是位艺术家，而且是一位非常杰出的艺术

---

① 拉比（rabbi）是犹太人中的一个特别阶层，是老师，也是智者的象征。拉比接受过正规犹太教育，系统学习过《塔纳赫》《塔木德》等犹太教经典。

家，师承未来学家、系统思想家、著名的设计工程师巴克敏斯特·富勒。小时候，我与母亲常常在周末一起去旧金山的美术馆，一边欣赏着亚历山大·考尔德的雕塑，一边谈论颜色、质地和细节的相互作用。回家后，我们会回到父亲的世界，一起观看"二战"老电影。相比夕阳中的紫色阴影，我们更可能会讨论《孙子兵法》当中关于权力的戒律。我生活在这样一个时代风格迥异的家庭当中——一位生活在"过去"的父亲，虽然非常善于社交，也很聪明，却永远无法摆脱20世纪三四十年代所带来的战争创伤；一位非常现代，生活在"未来"的母亲。因此，我们用餐时的谈话常常在20世纪20年代和21世纪20年代之间来回转换。而我就坐在他俩中间。

由于成长过程中接受了"阴阳结合"的教育，我的人生由一连串看似矛盾的经历构成。我原本想上西点军校（即美国陆军学院），最终却在加州大学伯克利分校投身和平与冲突研究。有一个学期，我住在华盛顿特区，工作日分别为克林顿和戈尔的竞选团队，以及美国和平研究所工作，晚上和周末的时间则用于学习印度哲学家克里希那穆提的语录。毕业后，工作日我在蓬勃发展的硅谷为网络

## 第一章 活着

公司制定战略,周末则在马林县的禅宗中心格林峡谷学习冥想。

无论是作为加州大学伯克利分校合作公寓①系统的冲突解决负责人调解分歧,还是给一家专注于女性领导力的网络公司帮忙,这些经历都有一个同样的特点——我们用来解决问题的方式似乎都仅仅停留在问题的表面。例如,因合作公寓的厨房主管花钱买高级贝类而引发的争论,不仅仅是几块钱的问题或是做决策的流程问题,更大程度上是由于每个人对于财富和特权问题看法的不同。

试图支持女性担任领导职务的网络公司所展示的内容都是漂亮的"工具包"和"人力资源建议",但真正的问题,也就是真正需要改变的地方在于极为根深蒂固的父权制度。这样的制度无法保障探亲假、优质托儿服务或同工同酬。简而言之,我们所习惯的这些解决问题的方法并没有考虑过去与未来,也没有考虑到其中的种种政治、情感和心理因素。注意到这一点的并不只有我一个人,但我们

---

① 合作公寓(co-op housing)指的是购买者共同拥有产权的公寓。美国的多层住宅主要有独立产权公寓(condo)和合作公寓(co-op)两种,二者产权形式不同。

所有人（包括我自己）在大事上总感到无能为力。我们都希望，或者说至少我们觉得自己需要一些能够快速解决问题的短期解决方案，这样我们就可以"翻篇儿"了。

因此，当我们需要下国际象棋时，却玩起了跳棋。

可以这么说，在我的职业生涯中，我不断地发现人们在玩错游戏。2015年之前，我经营着一家商业咨询公司（但在仔细了解了犹太神学院之后，才真正采用了阴阳结合的方式），专门帮助企业、慈善机构和政府领导人进行战略性思考和行动。越来越多的客户只考虑当下的影响，却往往不知不觉地牺牲了后代的利益。当我在日内瓦与全球难民应对部门的一些顶级思想家和实干家交谈时，这种情况越发明显。当我向他们追问究竟该如何应对即将到来的气候难民潮，他们回答说他们不能考虑这个问题，因为现在有些事已经火烧眉毛了。他们解释道，他们也受制于自己的上司，而上司并不优先考虑未来（未来可没法给他们投票，也没法捐款），而且24小时的新闻周期使外界对他们当下所做的事情非常关注。他们在工作岗位和在这个世界上的时间没剩下多少年了，他们的能力有限，只能尽力而为。

我坚持认为，虽然我们不能牺牲当前的需求，但我们

第一章 活着

必须找到一种方法,把现在和未来视为整体,否则我们注定会成为西西弗斯,把一块巨石推到山上,而在快要到达山顶时,巨石又滚回了山下,如此循环往复、永无止境。他们茫然地看着我。那时,我意识到,我们必须先转变这种短期思维,并且扭转这次谈话所揭示出的商业世界和道德世界的背离局面,才能做出积极且持久的改变。

不久之后,我受邀在伦敦唐宁街10号演讲,然而情况却大相径庭。表面上,我受邀与决策者讨论创新以及政府如何在21世纪最大限度地满足公民的需求。然而,在经历了日内瓦的那场令人深感不安的会议和其他类似的会议之后,我决定临时调整我的发言,谈一谈"如何满足英国公民在22世纪的需求"。这一次,我看到的并不是听众们茫然的眼神,他们明白我的意思,但他们认为这种理念永远不会得到选民的支持。选民们并不关心遥远的未来,因为他们一生都被训练成向政府寻求立竿见影的决策,这是选举的"商业周期"所带来的副产品。在这个周期里,赢得上一届选举的第二天,就是下一届竞选的开始。

英国的这些批评者说得没错,我们需要一份新的指南来指导我们所有人——不仅仅是领导者——如何以不同的

长胜思维

方式来认知世界和我们在这个世界中生活的目的，以及为什么这一点对于我们来说非常重要。因此，基于一次广受好评的TED演讲，以及妻子的支持和好友的信任，我创办了长胜思维实验室，致力于向大众、组织和社会推广长胜思维模式和行为。我已经把长胜思维介绍给了美国公共电视网、脸书和推特等平台的领导层。他们十分好奇，随着时间的推移，长胜思维能否帮助人们更好地换位思考，能否改善人们社交的整体健康状况。长胜思维实验室于2016年正式成立，当时，我刚开始为你手中的这本书打草稿。

  写下这本书是我与生俱来的使命：它是我看似分裂的生活凝练的结晶，我生命中截然不同的生活脉络似乎不应在同一个人身上出现。我被认为是一个未来主义者，但我并没有从预测技术驱动下的未来世界开始，而是从谈论过去开始，通常会从非常遥远的过去开始。我融合了多种学科的知识，包括神经科学、进化生物学、艺术、社会制度、历史、宗教和心理学。只有采取这种方式，我们才能解决当下面临的问题。或许最重要的是，我所采取的方法将我们作为人类的所有的能力和感官都带入其中。我们不仅仅

## 第一章　活着

需要脑力和体能，还需要有自省、信任及合作的能力，并且将广阔的视野与踏实的行动相结合。我想大声强调：我们在谈论未来的时候，必须将情感、直觉和敬畏心融入我们的生活和决策当中。我们应当能够全方位思考，成为能够回顾过去，展望未来，且反躬内省的人。这就是长胜思维徽章采用蜻蜓图案的原因。蜻蜓并非只有两只眼睛，动物学上称为"复眼"。这两只复眼其实是由成千上万只小眼睛紧密排列组合而成的，所有的方向都在视野范围内。蜻蜓般的视野是长胜思维的核心元素。

## 情感：棋局中的皇后

让我们回到我的朋友米歇尔的故事上。她原本想拒绝采用更好更耐用的材料来建体育场，这纯粹是基于她的理性头脑分析得出的结论。不过，她的决定亦受到情感因素的影响。比如说，她或许不想辜负自己的团队，又或许她会因为把少数人的短期利益置于多数人的长期利益之上而感到强烈的不安？也有可能，在多方考虑了各种情感因素之后，她还是觉得分析结果更为重要。毕竟，我们生活在一个时常需要权衡利弊的世界里。然而，并非只有她会遇事权衡自身的感受和动机。很多情况下，在我们做决定的时候，感受往往是无关紧要的，甚至被认为会起反作用。因此，我们长期以来一直将感受置之度外。

在西方文化中，将感情搁置一边并不是什么新鲜事。

# 第一章 活着

在古希腊，斯多葛学派将压抑情感作为一种艺术形式。科学方法的鼻祖亚里士多德也曾将激情描述为反复无常且危险的路障，阻滞人们成为完整的人。但我认为，可以说，"感受"在启蒙运动①或理性时代②失宠了。当时，哲学家勒内·笛卡尔将身心一分为二，西方意识中"理性至上"的观念不断巩固。请记住，勒内·笛卡尔写的是"我思故我在"，而不是"我感故我在"。还有像伊曼努尔·康德和托马斯·潘恩这样顶尖的哲学家。伊曼努尔·康德到处宣称，没有什么比理性更高，而托马斯·潘恩则把理性领域之外的辩论斥为给死人喂药。哎哟！理性是一张金票③。弗朗西斯·培根在推动科学方法的发展当中扮演了关键角色，他曾经写道："兼顾爱与理性是不可能的。"天哪，甚至连诗人都被带到了理性的一边，就像亚历山大·蒲柏

---

① 启蒙运动（the Enlightenment）指发生在17—18世纪的一场资产阶级和人民大众的反封建、反教会的思想文化运动。
② 理性时代（the Age of Reason）指17—18世纪末欧洲启蒙主义哲学盛行、以理性和常识占优势为特征的时期。
③ 金票（golden ticket）在罗尔德·达尔（Roald Dahl）的书《查理和巧克力工厂》中是令人梦寐以求的通行证，可以让其所有者进入威利旺卡戒备森严的糖果工厂。

长胜思维

颂赞的那样:

> 自然和自然法则隐藏在黑夜之中;
> 上帝说:"让牛顿去吧。"遂万物澄明。

平心而论,对科学发展(尤其是量化方法)的关注产生了无数优秀成果。如果不是基于这些成果,我们中的很多人或许如今都不会存活于世。如果不是启蒙运动时期的医学进步,18岁的我可能根本撑不过阑尾炎。但不知何故,我们把洗澡水连同婴儿一起倒掉了①。我们摒弃了对情感生活的尊重,情感和感性就像我们的阑尾一样,被视作非必要器官。西方文化当中的一些理念扼杀了我们内心那些被社会贴上女性标签的属性——我们习惯认为不那么重要的属性——比如同理心、同情心和直觉。我们心中的英雄,无论是真实人物还是虚构人物,通常都是像夏洛克·福尔摩斯、查尔斯·林德伯格和拿破仑·波拿巴这样的人物——善于分析、坚韧不拔、铁面无私的男性。不仅如此,任何表现出高度情绪化的人(通常是女性)都被临

---

① 俗语,指的是不分良莠,全盘否定。

## 第一章 活着

床诊断为"癔病"(其实,癔病源于希腊语中的"子宫"一词)。我们不得不将一群出生在大萧条和"二战"期间的人称为"沉默的一代",因为他们的集体情感创伤无处宣泄。最近,有家美国营销公司为了剔除过于敏感的求职者,设计了一种"雪花测试"①,并且兜售起了保险杠贴纸,上面写着:"没人在乎你,努力工作吧!"

这在我们的时代是行不通的,如今,我们需要调动自身所有的能力。如果我们忽视情感,就会像蝙蝠侠只带着他的蝙蝠镖去战斗一样。众所周知,当神奇女侠带上她的真言套索,就会变得势不可当,这样的组合是绝配,能实现一加一远大于二的效果。

这就是长胜思维重新将情感置于重要地位的原因。因为尽管科幻小说中的未来思维很酷,但真正能让我们采取行动,将我们理想的世界变成现实的,是这种愿景带来的感觉。情感是一种捷径,可以引导我们做出理性选择并进行合作。情感也与长胜思维和行为模式相关,在我们描绘

---

① 雪花测试(Snowflake test),雇主在招聘时对求职者进行的测试,用于筛选掉脆弱、爱抱怨、抗压能力差、傲慢易怒,又缺乏自我提升能力的人。

未来的过程中必不可少。同理心是我们与他人思想、情感和幸福的关联，促使我们代表他人采取积极的行动。因此，虽然思考如何为了退休存钱是有益的，但是切身感受到退休生活的满足情绪才能帮助你下决心存钱。在后文中，我会进一步地探讨这一点。冰冷的理性可能会帮助你吵赢你的伴侣，但想想在未来的几十年里你与伴侣的感情，会使你重新思考"吵赢"的意义。情感是长胜思维的组成部分，你会发现我在这本书中不断地提及情感。需要注意的是，情感没有好坏之分，关键是要有效且智慧地使用。

在此，我想稍作停顿，承认以这样的方式思考需要极大的特权。那些生活在社会边缘的人，那些一生病或失去工作就会丧失基本安全保障的人，抑或是那些在生活中备受压迫的人，往往忙于生存而无暇顾及在下一顿饭之外，或是如何避免受到凌辱之外的事。通常，如果一个决定能让他们看到明天的太阳，那就是正确的决定。但是，即使是那些从历史角度来看并不会影响未来的人也可以学习长胜思维。学习国际象棋的基本走法，并不一定要成为一名国际象棋大师。其实，我相信大家可以想到无数的故事，能体现生活在社会边缘的人出于对家庭或社区的爱

## 第一章　活着

而做出的行动。他们从深处发掘自己内心的情感并采取行动，为自己和后代创造更美好的未来。这就是长胜思维的基础——一种协调应变能力和心理韧性，无论强弱，不仅对一个人或一代人有利，而且对整个人类的未来有利。更重要的是，这种利他主义和情感联系有可能在混乱和复杂的历史时期产生指数级且系统性的影响，而我们恰恰身处其中。

# 潮间期：为何我们比任何时候都更需要长胜思维

2020年夏末，新冠肺炎疫情暴发五个月后，我们一家临时决定出门一周。我的三个孩子每天都在吵架，越吵越凶，而且我们都患上了幽居病。孩子们需要接触大自然，需要摆脱在街区周围散步的习惯。他们已经记住了邻居花园里的石头和树木的数量，而且令人震惊的是，他们已经开始给它们取名字了。我们在最后关头找到了一个海边的别墅，可以住上一周，于是立马动身了。

第一天晚上，我们五个人一起站在海边。随着海浪涌来，海水拂过我们的脚踝。随着海浪退去，沙子在我们脚下流动。曾经站在海岸线上的人都知道这种奇怪的感觉。你仍然站着，但有点不稳。脚下的沙子正在下陷，

第一章　活着

但身体并没有移动。你的囊斑——内耳里负责平衡感的一簇裹着钙晶体的毛发，告诉你有事情正在发生，有东西正在移动。但你低头看看自己的脚，却不一定能看出什么。

沙子被冲走的瞬间，是一个间断平衡①的时刻——在长期稳定之后的快速变化——也是那个夏天我们大家切身感受的缩影。实际上，这也是我们过去几年的感受，就连我八岁的儿子吉迪恩也敏锐地意识到，他过去的那种由营地、学校、玩耍日和家庭度假构成的生活已经一去不复返了。这种生活方式将会被其他方式取代，甚至也可能会变得更好，但是，会是什么样的生活呢？

人类的生命体验正是如此，处于不断的变化中，但有时似乎会突然发生翻天覆地的变化，而且涉及诸多领域。从宏观的历史性视角来看，有一些剧烈变革的时期，不仅仅标志着人们行为和生活环境的变化，而且彻底改变了人类的思考和行为模式，比如农业革命、中世纪、科学革命、

---

① 长期不变的平台阶段叫作平衡期，快速骤变的阶段叫作间断期，合在一起，就叫间断平衡（punctuated equilibrium）。

启蒙运动和工业时代。对了，还有现在。

我把这些时期称为"潮间期"。当谈到海洋时，潮间带是海洋与陆地的中间地带。在退潮和涨潮之间，这片地带有时在水下，有时暴露在空气中，充斥着狂热的创造力与极致的危险。藤壶通过把自己固定在岩石上保持稳定而生存，贻贝则通过把海水装在壳里以防退潮时缺水干涸而生存。并非每种生物都能适应如此持续不断的变化，因此潮间带被认为是一种极端生态系统。

这就是为什么长胜思维在当下如此重要。我们正处于快速变化的潮间期。在我们的生活中，过去的生存和行事方式不再奏效。全球范围内，在媒体、宗教、政府、商业和非政府组织等中，复杂的互动增加了，而信任却降至历史最低水平。气候变化、大规模流行病、金融危机和科技颠覆等全球性挑战正在爆发，势必会给支离破碎的地缘政治结构和公民带来挑战。2021年，全球约有1.5亿人跌出了中产阶级，这是20世纪90年代以来中产阶级人口规模首次缩小。尽管我们曾经想当然地认为下一代会比我们过得更好，但人们越来越觉得5年后自己的生活会过得更糟。

## 第一章 活着

我们的工作方式已经发生了变化,自动化几乎渗透了所有行业,美国三分之一的劳动力正在参与零工经济①。我们现在甚至有能力编辑我们的基因密码,并将其传递给我们的儿女和孙子孙女,以及他们的后辈。但我们并没有在《大西洋月刊》的版面之外或是思想领袖的疗养对话之外讨论这些话题。

与此同时,我们也发现有很多积极的新兴思考、行动、行为和组织方式正在不断涌现。比如像"什么都不用买"(Buy Nothing)这样的网站,倡导一种独特的、可循环的非消费性经济,还有大规模的社会运动,挑战社会中依然活跃的白人至上主义、殖民主义和父权制的残余。我们看到以前毫无联系的陌生人开始为小额贷款、创意项目或某个家庭的医疗费用提供资金。但这些新动态仍然处于萌芽阶段,往往很分散,在这个快速发展的时代似乎很容易就会被扼杀在摇篮里。换句话说,旧的方式正在艰难地消亡,而新的方式仍在孕育,处于这两者之间的情况可能并不乐

---

① 零工经济(the gig economy),指的是由工作量不多的自由职业者构成的经济领域,是一种现代经济模式。

观。但是，中间地带也是所有创造力的源泉所在——对于我们这些想要挑战人类极限的人来说，已经到了该我们发光发热的时候。

许多人问我，潮间期为何如此特别，又为何应当受到关注。在一个特定的行业或文化中，我们一直经历着一些小型的范式转变（印刷机、T型车、民权兴起、"冷战"围墙的拆除、互联网等），但生活似乎仍在某种程度上照常进行。当这些范式的转变被强化并交织在一起，当我们生活中的复杂性和混乱程度最大化，而且最重要的是，当生而为人的基本思想、叙事和规则被质疑时，潮间期就来临了。

潮间期并不总是由社会崩溃引发的。大规模人口增长（因为我们都活得更久了）、大规模移民、大规模城市化、大规模气候变化和大规模死亡等事件也可能引发这种巨变。当我们审视当下，我们可以在潮间期的清单上勾选所有的选项。由于技术通常不是发生变革的原因，因此没有列在清单里，技术仅仅适应和加速变革。不过，我认为，现在是个例外。基因编辑技术、人工智能增强

## 第一章 活着

型的大脑植入物或人工子宫等技术有可能从根本上改变人们口中"智人"的含义。换句话说,我们并不是在经历潮间期带来的震荡,我们现在经历的是一场地震。而且这可能是一场特大地震。接下来发生的事情将决定人类的命运。

如果我们像海洋潮间带中蓬勃生长的藤壶和贻贝一样,知道如何运用自身所有的能力,那么像这样的无序时刻便提供了绝佳的转型契机。诺贝尔奖得主、复杂性理论家伊利亚·普里戈金发现,当系统处于最混乱的状态时,有能力突然转变为高度有序和平衡的状态。小的改变会产生大的影响。把这想象成椋鸟群飞的场景,分散在各个地方的鸟儿突然优雅而有目的地聚集在一起,形成一个有组织的阵型。在潮间期,我们长期以来的规范和叙事正在受到质疑,这可能是人类思维和行为指数级进化的温床。我们可以度过这个混乱的时刻,建立人类和生态繁荣的社会,但这并不是一个既定的结论。

大约在12000年前,出现了一次重要的潮间期:第一次农业革命。那时,气候稳定下来,人类开始在周围的土地上劳作，这意味着人们开始了定居生活。随着时间的推移，第一代"真正的"文明出现了。人类发展并创造了更发达、更复杂的存在和感知方式，为我们这个物种升级了操作系统。在农业时代，我们祖先的世界观建立在由猎人和觅食者组成的小型群体的经验之上（"不断移动，进食，尽最大努力活下去！"）。这种世界观因新的现实而发生了改变，因为人们在日益庞大的社会群体中生活，为了应对这种变化，产生了对诸如规则、系统和指导性叙述的需求。潮间期导致了生活方式的进化（虽然人们可能会争辩道，我们的小卧室还没进化呢，但我认为这种进化指的是青霉素的发明，以及我的女儿拥有了投票权）。

但是，潮间期并不一定会使世界变得更美好。比如说，在强大的罗马帝国衰亡时，西方文明就陷入了混乱。如果我们仔细观察，可以看到潮间期业已形成。气候适宜期结束了，生态压力迫使哥特人和匈奴人等外来族群入侵，瘟疫和传染病以惊人的速度夺走了许多人的生命，不孕不育成为恢复人口数量的巨大障碍，土壤也耗竭了。随着军事扩张放缓，经济掠夺和土地掠夺的硝烟逐渐消散。在这种

## 第一章　活着

混乱时期里，许多人期待一个强有力的声音，讲述一个包罗万象的美好故事来填补不确定的空白。在这种情况下，罗马教会介入了，而教会的统治（我在这里所说的是权力和政治，而非神学）标志着一场文明大倒退——中世纪的开始。这就是潮间期可能会带来的破坏，人们在潮间期后的生活中不去行使自己作为共同创造者的权利，抑或根本无法行使这种权利。

那么，我们现在要走上哪条路呢？我们是要像罗马帝国灭亡后那样分崩离析，还是像农业革命时期那样互帮互助？中世纪结束以来，一直上演着这样的故事：如果能够利用正确的知识来实现那个时代的人们所认为的"进步"，就可以了解、驾驭、预测、控制未来。那么未来又会有怎样的故事呢？我们能否书写一个关于进步的故事：拥有兼容并包、成熟且生态友好的目标，从根本上为子孙后代奠定繁荣的基石？简而言之，我们能否成为更好的自己？我们能成为子孙后代所需要的伟大祖先吗？

我希望这本书能像几个世纪以来的家庭圣经一样发挥作用。圣经往往会记录出生、结婚和死亡的日子，而我希望你可以用这本书来记录你的价值观、你的遗憾和你对后代的期望。你可以翻到第187页,在日记页中回答我在书中提出的问题。你也可以把它作为你的家族记录本。如果你坐在办公桌前阅读这本书,何不签上你的名字,把它交给你未来的接班人?需要注意的是,你可能很难理解潮间期的范围和规模,更不用说去感知了。让我们试着把目光聚焦。想一想生活中的一个重大事件,将你的生活分割成3个时期:这件事之前、之后和中间时期。也许是孩子出生,搬到新的城市,遭遇事故,患上重大疾病,或是一个对你来说很重要的人离世。世界被颠覆的感受是什么样的?你在否定或回避中沉溺了多久?你觉得适应自己对世界全新的理解和身处其中的位置是容易还是困难?你不得不放弃了什么?你发现了什么?你是否曾感到抗拒?你感到害怕或兴奋吗?你是感到痛苦、快乐,还是麻木?你是否经历过极为矛盾却异常真实的感觉或想法?你是如何应对的?人们是否在不了解你所经历的一切的情况下,试图给你"专家建议"?所有的剧变最终是否都沉淀为新的生活模式和习惯?你是否参与了新模式的形成?这种"新常态"对你来说是否健康?对你周围的人来说呢?如果给你一次重来的机会，你觉得自己在什么方面可以做得更好呢？现在想象一下，你认识的（或不认识的）每个人都在同期经历着生活中的许多重大事件（即使他们不愿意承认），他们如何应对这些变化将产生一系列影响，为未来几代人的生活奠定基础。好啦！欢迎来到潮间期。

长胜思维

# 我们目前面临的抉择

现在，我们每个人都站在潮间带里，赤着足，非常脆弱。眼前有两条路可走：一条路能安抚我们短期主义的、拥有即时反应的自我（这很不舒服，让我离开这里），另一条路则能安抚我们长期主义的、拥有共情能力的自我（这很不舒服，让我们想想现在该如何摆脱，未来又如何避免）。第一条路的特点是调动了我们大脑的边缘系统。边缘系统控制着杏仁核（我们对恐惧产生反应的关键部位），以及多巴胺等神经递质（大脑奖赏机制的一部分）。正是因为边缘系统的存在，我们在受到威胁时会肾上腺素激增，会像巴甫洛夫的狗一样对智能手机发出的每一条通知产生反应，会努力将气候变化这样的宏观概念与我们日常生活中造成气候变化的微小决定联系起来。短期思维必不可少，但并非普适，关键是要知道什么时候不应采用短

## 第一章 活着

期思维。

第二条路的特点是认识到,虽然我们的大脑会产生战斗或逃跑反应,但同时也能够合作和展望(也就是未雨绸缪)。人类倾向于在社会和协作环境中茁壮成长,我们能够设想未来并为之做好准备。合作和展望是我们的超能力。在它们背后是一种截然不同的理解模式:同理心和长期主义。我们有能力想象并谈论我们想要什么,要去哪里,以及如何抵达。

为了利用这些超能力,我们需要对想要抵达的地方和想要成为的模样进行畅想,并基于此创造新的集体和民主故事。我们当前的文化叙事优先考虑的是当下的即时反应,没有明确的最终目标。然而,为了重构我们在更宏观的整体(当下的其他生命和人类同胞,以及未来的世世代代)当中扮演的角色,我们必须问自己:我们要去哪里?我经常通过思考《出埃及记》中圣地的象征意义来回答这个问题:当希伯来人离开埃及,在沙漠中游荡时,使他们继续前进的是他们内心的愿景——他们即将抵达一块圣地,那里流淌着牛奶和蜂蜜。我们的圣地在哪里,或者说,是哪里呢?它只是某个地方,还是也可能是一种存在方式?我们不能仅仅着眼于关乎自身的问题，而是需要努力解决这些事关理想未来的问题——我们必须共同努力。

我们需要关注对未来的愿景，这与我们想要成为什么样的人息息相关，也就是我们通过日常行为所传播的亲社会且跨代际的存在和感知方式。我们能通过行为和决定向他人和世界灌输一种意义和目的。我有3个孩子——鲁比、埃利安娜和吉迪恩。如果照此推测每一代孩子的平均数量，从现在起200年后我会有大约8千个后代。这8千个后代都会有我的一部分（广义而言），而他们将对这个世界做出自己的贡献。这并不意味着，我认为星期二晚上我在家里说的话或做的事会直接决定我的曾曾孙在2154年的某个星期二晚上的行为。但就我们如何塑造近期甚至远期的未来而言，它确实发挥着重要作用。我正在传递重要的价值观、思维过程、抗压反应、沟通技巧和解决问题的方法。我的孩子们会从中吸取经验，并指导他们自己的决定和与他人的互动。宏观而言，我为孩子们做的示范极为重要。

同样，我们如何投票，如何消费，我们从家里的房间到会议室，到时事观察室，甚至到卧室会做出什么决定都

## 第一章 活着

很重要。我们在与朋友、同事，甚至陌生人的交往中如何表现也很重要。我们向他人打招呼的方式，我们在与伴侣争吵时的反应，甚至我们如何听从我们脑海中的声音，不仅影响现在，也影响到几千年后的人们。你可能也听说过混沌理论，这个理论认为小小的涟漪，甚至一只蝴蝶拍打翅膀都能对数千米外的气候模式产生巨大影响。我认为，在个体层面和历时层面也是如此。我们可以利用这种理念——小行为也有大影响，有意识地去做些什么。

归根结底，我们需要做出一些决定。短期的、由杏仁核控制的思维和行动在很大程度上代表了我们今天的生活方式。那么，我们是否想要坚持这样的生活方式呢？过我们的生活，没人会在乎！实际上，有一些人（其实有很多人）会给出肯定的答案。他们不太关心整个人类道路的终点，因为他们的生命终将消逝。虽然我对这些人没有恶意，也许这本书有可能不适合他们。这本书可能也不适合另外的某些人，他们希望看到我们从拥有缺陷的人体过渡到"硅基人"——本质上来说，这是一种被上传至云端的人类版本，并且仅存于云端。事实上，正是缺点、情感和疤子（字面和象征性的）使我们在所有不完美中成为我们自己。如果我们被上传并且很完美，那会有什么乐趣呢？

不过，我们中的大多数人并不否认后代的重要性。而且我们大多数人都不想成为"硅基人"。相反，我们大多数人都想拥有归属感，感到自己是某种宏大事物的一部分。研究表明，这使我们在生活中更加容易满足。例如，在一项对132个国家的研究中，那些民众感到人生有意义的国家，其宗教信仰率也最高。即使宗教已经不再流行。那些没有宗教信仰的人所占的比例（由于在调查中勾选了"无宗教信仰"而被称为"无宗教信仰者"）是有史以来最高的。近一半的年轻人（18至24岁）根本没有宗教信仰。然而，我们所有人，甚至是"无宗教信仰者"，都对人生的意义和人生的重大问题感到困惑。问题是，当我们没有过去的共同框架或宗教文本时，我们很难理解和处理道德及目的等大概念。那么，我们该借助什么来理解自身在大局中的作用呢？

长胜思维可以成为人们共同的思维模式。无论是信徒还是无信仰者，都可以使用长胜思维。它可以提供一个框架来促进社会进化。我们可以借助这一框架于更为宏大的构想中认识自我、了解自我。在这个过程中，长胜思维可

## 第一章　活着

以在动荡时期给予我们心理安慰和安全感。长胜思维给予了我们使命感，因为大家在共同畅想着一个像"流淌着牛奶和蜂蜜的圣地"那样的新愿景，可以滋养自己和子孙后代。而我们此刻就可以出发，踏上新的旅程。长胜思维亦赋予了我们意义感，我们能从自己的生活，以及自己与他人交往的方式中体会到意义，因为它让我们认识到一个重要的事实：如何珍惜当下（此时此刻）极其重要。这关系到今天、明天，没错，也关系到此后几千年。

我们必须重新学习一些技能才能即刻出发。我们将在第二章找到原因，那就是，过去使用的方法如今已然失效。

# 第二章　改变

跨代共情、未来思维和终极目标

我们这一代最伟大的革命是发现人类可以通过转变内心的态度来改变其生活的外在表现。

——威廉·詹姆斯（William James）

## 第二章 改变

作为联合国、脸书等的顾问,我常常在和人们交谈的时候提议:"我们来谈谈你的未来吧。"他们通常会回答:"太好了,我很乐意展望遥远的未来,甚至展望八个月以后都可以!"千万别误以为这些人是异类,你只要深入了解,就会发现这样的反应相当普遍。这些人并不是坏人,也不是无知的人。他们只是生活在了一个奖励短期主义的体系中,而短期主义鼓励人们寻求即时的解决方案和回报。

我们都有短视的毛病。比如说,假设你想买套房子,你的房地产经纪人带你去看一个新的开发项目,那里的房子的建造质量很不错,附近的学校也很好。你被宽大的院子和庄严的前廊吸引了,你很高兴自己能买得起。你的报价被接受了,而后,你就搬了进去。几年后,一场大风暴来袭,你的房子有被洪水淹没的危险。你尽可能多地把沙袋扔在不断上涨的洪水里,但这并没有触及更深层次的问题,那就是你的房子建在洪泛区(为什么一开始允许在那里开发房产),或者是全球变暖不仅在今天,而且在未来的几年——不止,或许数十年,都将你的家置于风暴的隐患中。尽管如此,沙袋还是起作用了,你的家得救了,而你也忘记了这个问题,直到下一场风暴来临。我称之为"沙袋策略",人们(包括我在内)随处都在使用这一策略。("吉迪恩,想吃甜点就把西蓝花吃完!""嘿,首席执行官女士,买回那些股票,把股价拉高吧。你的奖金会上涨,先别管这对员工的长期投资来说意味着什么!")

这个情境从多种层面凸显了短期主义对我们的影响。作为人类,我们面临的障碍发生在神经层面("如果我住在这个美丽耀眼的房子里,我会很开心"),社会层面("作为一个成年人,我真的应该拥有一个属于自己的家"),以及我们在周遭所创造的系统层面("这个街区的学校很棒,如果我在这里买房,我的孩子会有更好的成绩")。但在整个储蓄和购房过程中,你没有意识到表象之下发生的一切。事实上,我们80%到95%的决策都是这样做的,我们必须承认这一点才能进一步探讨。然而,短期主义并不是一

## 第二章　改变

个吸引人的话题。没有人会为了结束短期主义而游行，也没有人专门戴上标志着信仰长胜思维的腕带。没有名人会把它作为自己的事业，因为我们都以这样或那样的形式犯过短视的错，没有人想被称为伪君子。但正如本章和后续章节所表明的，我们不需要完美无缺才能与短期主义较量，也不需要完美无缺才能开始建设更美好的未来。尽管我们有缺陷，但我们仍然可以为成为更好的人而奋斗，为更美好的人类未来而奋斗。

长胜思维

# 我们的短期思维

我们经常只看眼前是有原因的：尽管我们生活在一个"人类将继承地球并支配自然"的时代，但我们所有人基本上都是高度进化的类人猿。这意味着，当我们想要将思维和行动从短期主义转到长期主义的时候，我们会遇到一些生物学上的障碍。了解这一点可以帮助我们认识到自己的一些本能，也可以帮助我们认识到当我们摒弃那些古老的习惯并开始培养新的思维模式时，我们能够做些什么。

在某种程度上，短期思维是有益的。我们的祖先以狩猎采集为生，而短期主义是他们赖以生存的对策。如果三万年前，你走在路上，看到一堆浆果，你不会只吃两三个，想着以后还会有更多。你会把能吃进肚子里的东西都吃掉，因为在本能层面上，你明白你需要立即享用眼前的

## 第二章 改变

食物。

因此,短期主义并不是完全邪恶的。但是,当我们开始建立激励机制,以牺牲未来的自我为代价(也许最重要的是,以牺牲子孙后代的利益为代价),在日常生活中实行短期主义,问题就出现了。由于潮间期加强了我们的短期冲动,问题越发严重。请谨记,这些混乱时期的一个标志是系统崩溃——当我们真切地感到失控时,会立即寻求安全感。我们希望稳定,因此,寻求任何能够提供这种稳定的超短期修复方法。遇到老虎,我们会赶紧逃跑,而不是停下来阅读《被老虎追赶该怎么办》。我们会任由在塞伦盖蒂[①]捡浆果的冲动驱动我们的每个决定。

我们的短期思维倾向越来越严重,这不仅仅是因为我们处于潮间期,也因为我们陷入了现在主义的"仓鼠滚轮"[②]中。我碰巧认识道格拉斯·拉什科夫,他是我的朋友

---

① 塞伦盖蒂是联合国教科文组织认证的生物保护区,人迹罕至。在这里拾浆果的意思是出于生存本能,人们到了塞伦盖蒂会靠捡浆果吃为生。

② "仓鼠滚轮"(hamster wheel):西方人常用"仓鼠滚轮"形容那些循环往复的事情。

和邻居，他就以描绘这种现象和其他的一些话题为生。当邻居们围坐着比较各家的草坪时，道格拉斯和我坐在一起，担心我们在这个疫情暴发的夏天为孩子们搭建的塑料泳池是否会比文明更持久，以及当初购买这个泳池是否会加速这一结局。道格拉斯经常说，现在主义是在未来主义之后才出现的。他写道："我们花了一个世纪甚至更长的时间学会向前看，沉迷于发展，并且预测下一步可能发生的事。如今，我们却处于一个强调现在的时代，也就是此时此地。"他笔下的"此时此地"并非专指佛教当中的这一概念，而是一种镜厅[①]版本的理解，即一切都在此时此刻发生，没有历史和未来。更为危险的是，现在主义剥夺了我们畅想不同世界和不同未来的能力。当没有过去或未来，只有现在时，我们就会变得自满，接受现有的一切，甚至失去了好奇"我们可以怎样"的能力。

道格拉斯提供了一个很好的可视化方法，那就是比较模拟时钟和数字时钟。如果你有一个模拟时钟，看着它，一整天的时间都呈现在你眼前。你可以看到6点和9

---

[①] "镜厅"是法国凡尔赛宫的一个房间，由17面落地镜构成，是《凡尔赛和约》诞生的地方。"镜厅"也可以比喻事物互为镜像。

## 第二章 改变

点的关系，也可以看到时针在"嘀嗒嘀嗒"地走着，一毫米一毫米地推动着你在时间长河中前行。但是如果使用数字时钟，你只能看到现在的确切时间。它仅仅是数字，而不是某个宏观整体的一部分。当然，这类问题的存在真是令人沮丧。想想当我们只能看到眼前的事物，我们忽略了什么，我们无法看清自己只是时间长河中的一点。

技术飞速发展，尤其是在不受道德约束的情况下，逐步加剧了现在主义，使人们越发倾向于短期思维。以学校和成绩单为例，当我还是个孩子的时候，学校每年会给我寄两次成绩单，我和父母会就此聊聊学校的事情，也许还会在索伦托比萨店吃一顿大餐。我的父母对我平时的作业或测试分数一无所知，但他们知道我是个相当聪明的孩子，会找到自己的方向。他们把大部分精力放在将我培养成一个好人之上。

现在，多亏了成绩跟踪器（Grade Tracker）这类应用程序（我可不是唯一在孩子没有交西班牙语作业时收到提醒的家长），学生们也可以实时查看自己的成绩是进步了，还是退步了。它是数字时钟的体现，把长远的宏观问题（我培养了一个好人吗）变成了即时反应（为什么我的孩子这次数学没考好）。

再想想我的女儿鲁比和埃利安娜，她们不仅仅会实时看到成绩，还会通过这种方式获得社会认可。我们都见过青少年紧盯着他们的手机，等待下一声"叮"来提醒他们在别人的照片上被标记了，或是有人给他们最新的帖子点了赞。这对他们的大脑、思想和感知有什么影响？如果你把大脑想成一盏聚光灯，那盏聚光灯只照亮了周围三四米。你可能听过一个古老的印度寓言，讲的是一个神秘主义者在地上寻找他的钥匙。当有人停下来帮他寻找时，问他钥匙到底掉在哪里。这位神秘主义者说："在我自己的房子里。""那你为什么在这里找？"帮他找钥匙的人问道。神秘主义者接着解释道："这里有更多的光亮。"同样地，青少年们也不会去思考他们是谁，或者想成为谁，他们只会关注被光照亮的地方。他们会注意到朋友在抖音上发了一个悲伤的表情，却忽视了坐在身边的朋友正需要帮助。他们很容易忘记真正的悲伤的表情是什么样子，也忘了如何解读。他们的大脑变得如此沉迷于"叮"所带来的多巴胺刺激，以至于需要付出越来越多的努力才能满足。他们的大

## 第二章 改变

脑永远在等待着下一个冲击。

生活在农业社会的祖先不会理解现在的我们。他们的整个时间概念——助产士南希·巴达克称之为"园艺时间"——以季节和日出为基础。直到工业时代，人类社会才引入精确、可预测且高效的"机器时间"。这个阶段的先人需要对表，要赶火车。接着是我们的祖父母，他们又学会了以不同的方式衡量时间——基于消费者的注意力持续时长。就在20世纪，我们发现了操纵人类思维，并加强其短期倾向，从而自我服务的特定机制。

20世纪50年代，战后的美国迎来了一段经济增长、社会繁荣的时期，除了一个问题：那些回国的美国大兵和他们的配偶都是大萧条时期出生的孩子，他们在战争期间长大。迄今为止，生活教会了他们节约，而非挥霍。就在这些美国大兵从欧洲回来的时候，一个叫爱德华·伯内斯的人突然出现了，他被称为"公共关系之父"。在他看来，人类并不那么理性，如果你知道自己在做什么，就很容易被操纵（有趣的是，他是西格蒙德·弗洛伊德的侄子）。早在20世纪20年代，他就运用群众心理学和宣传手段，发现了如何利用我们最基础的本能，比如我们对归属感和安全感的需求，来刺激消费者对烟草公司和迪克西杯子等客户的需求。所有的酷孩子都吸烟，而防止细菌传播的唯一安全方法就是使用一次性杯子。爱德华·伯内斯精心策划了针对这些需求的宣传活动，从而促使人们冲动购物。

麦迪逊大道①利用爱德华·伯内斯所宣扬的心理学说服美国大兵夫妇，如果他们买一辆凯迪拉克或一台电视机，就是一种负责任的表现（顺便说一句，这会带来更多的广告和精神干扰）。他们的爱国职责就是运用他们的购买力去买东西，而且是买美国货。这种方法的特别之处在于，它不仅利用了我们对短期快乐的集体热爱，还触及了我们对归属感的进化需求。换句话说，就像我们的祖先想在晚上和部落的其他人一起躲在洞穴里一样，我们觉得需要买下凯迪拉克来感到自己被他人接受，从而获得安全感。由此产生的消费资本主义利用了我们对安全感的基本需求，刺激了我们的诸多需求，营造了一种我们和地球都不需要的生活方式。

---

① 麦迪逊大道（Madison Avenue）是纽约曼哈顿的一条著名大街，美国许多广告公司的总部都集中在这条街上，因此这条街逐渐成为美国广告业的代名词。

## 第二章 改变

20世纪消费文化的痛处在于,人们很难意识到自己已经参与其中。这也是设计的一部分:消费资本主义不仅在我们的信息脱节中蓬勃发展,而且有赖于此。每当你在汽车餐厅点了个汉堡,卖给你的公司并没有向你推销奶牛或肉类包装厂的故事,或讲述在那里工作的人所处的狭小局促的生活环境。如果这样推销,你就不会购买那个汉堡了。相反,这家公司卖给你的故事是一个非常饥饿但充满魅力的人,正和朋友放松地享受着他们美好的生活,他想咬一口美味多汁又实惠的汉堡。基于销售任务,公司的目标是在更多的地方销售更多的产品,并投入更多的宣传费让你相信你是真的想要这些产品。

正如我们所知,我们正在玩的《饥饿的河马》的游戏有其弊端。当谈到物质消费时,我们会发现,根本没有空间或资源来容纳我们所生产的全部东西。世界人口经过20万年才达到10亿,却在短短的200年间从10亿增长至70亿。如果地球不断扩张,也许这种增长是一种好的现象,但事实并非如此。我们所创造的一切正在挑战物理学的界限。每年都有一定数量的资源被消耗后可以再生,但我们通常在仲夏时节就将其消耗殆尽。任何一个有银行账户的孩子都能看出这个问题：我们取出的钱要比存进去的多。这主要是因为我们太专注于短期成效，以至于忽略了一些基本问题，比如我们真正想要的是什么，我们的最终目标是什么。

第二章　改变

# 如何改变我们的短期思维

在我上中学的时候，我们学校有一个园丁，我和朋友都开玩笑说，他肯定是直接从酒吧过来上班的。你会发现足球场上割草机的痕迹从来都不是笔直的。他肆意地修剪草坪。他是一边听着音乐，一边推着割草机跳舞吗？他在耍我们吗？他是否在他创造的图案中为外星人留下了某种符号或信号？他锄起草来也是如此，锄了一边的草，却完全不管另一边的。

20年过去了，我有幸向一位来自京都金阁寺的著名日本园艺大师学习园林设计。他曾经到圣地亚哥教书，那时我和同学们帮助他在圣地亚哥著名的巴尔博亚公园建造一个茶园和一个很大的花园综合体。当他讲解我们将要做的事情时（包括造一座桥和一条用石头砌的人工河），我环顾四周，寻找我们会使用的机械，想赶紧抢占一台山猫设备[①]。

---

① 山猫设备是一种工程机械小型设备。

但他告诉我们，我们将使用 600 年前的技术来完成这一切，我们的主要工具是我们的双手。一连几个小时，我的任务就是把石头摆成潺潺流水的模样。我仔细思考了每一块 10 厘米的石头该摆放在哪个位置。当倾盆大雨突然降临时（这在圣地亚哥非常罕见），我猜想我们会停下来，第二天再继续工作。但是相反，他要求我们一起观察水的汇集和流动，这样我们就能理解为何我们要这么做，又该如何做。

在我生命中出现的这两位园丁有着很明显的区别：在我的中学工作的园丁漫无目的，而京都的园艺大师每一个举动都深思熟虑。我一直认为，花园是对人类大脑的一个很好的比喻。我们可以选择成为什么样的园丁来打理我们身体最复杂的器官。我们可以任由草坪随意生长，也可以分清杂草和花朵的区别，并努力地清除前者。我们可以胡乱地开割草机，也可以修剪掉妨碍我们生长和结出健壮果实的杂草。如果我们想要一个能拥有长胜思维的大脑，我们就需要有意识地为我们大脑的花园锄草和施肥。

第一步是集中注意力。正如每一位擅长自助的大师、

## 第二章　改变

拉比、牧师或瑜伽老师都曾告诫的那样,在一些习惯不知不觉根深蒂固之前,你要先注意到正在发生什么。例如,如果你不断查看邮件或吃垃圾食品,你的心情如何?对你与他人的联系有何影响?这些是否会让你成为一个更美好的、更优秀的人,从而能够传递人性的美好?可能答案是否定的。

第二步是相信我们可以做得更好。虽然人类有极强的行善与行恶的能力,但越来越多的证据表明,我们行善的能力比我们自己认为的更强。虽然我们过去认为大脑的所有发育和变化都发生在成年之前,但现在我们知道大脑一直在变化,而且我们可以参与其中,使之成为我们期望的样子。卡罗尔·德韦克针对成长型思维模式进行了研究,其研究结果被普遍认可。该研究属于前沿的神经科学领域,涉及大脑的神经可塑性。简单来说,卡罗尔·德韦克告诉我们,与其想着"我不擅长数学",不如想着"我还不擅长数学"。当我们采用后一种心态时,我们就朝着真正擅长数学的方向迈出了一大步。我们的人性也是如此。我们尚且还不是一个为子孙后代着想且和平友爱的物种。但是,我们相信我们可以成为这样的人,就会使我们走上变得更好的道路。

第三步是我们可以继续培养自身的长胜思维，一起努力。因为除了决定我们能成为展望未来的人类之外，我们或许应该更积极主动地去实现这个愿景。

让我们一步步试试。首先，加强感知能力。想想平常的一天是如何开始的。你的睡眠是被闹钟打断的吗？你是否在起床前就先查看手机上的通知或信息？当你刷牙或洗澡的时候，你会想到多少人或任务？你在早餐前平息了多少家庭纠纷？你还记得早餐是什么味道吗？咖啡也能算早餐吗？你是否把你早晨的安排精确地划分到你必须出门的纳秒？你的早晨是否让你感到放松或紧张？你觉得自己有能力和周围的人相处吗，还是过得举步维艰、寸步难行？你注意到过度关注短期结果可能会让人忽视长远的未来吗？

好啦，接下来，让我们谈谈信仰，这很简单。你愿意想象一个不匆忙的早晨吗？你愿意相信生活的节奏可以慢下来，而你不会落后吗？你是否愿意接受这样的观点：社交平台个人主页的点击量并不能定义你是谁？你是否愿意承认——过一个"狂躁的早晨"会影响人生体验？答案是

## 第二章 改变

肯定的吗？太棒了！让我们试着培养完全不同的生活方式。也许你的雇主已经为你提供了选择，你可以拥有灵活的工作时间或进行远程办公。改变哪些日常习惯让你轻松地度过一天，让你觉得你的行动更有目的性？你如何将长期目标融入日常生活？如果你对你的日程安排没有太多的选择，你能在生活中找出一两个注意力窃贼，并找到一个解决方法来收回你的时间吗？对你的社交媒体账户实施"家长控制"[①]，能帮你腾出10分钟来和一个活生生的人交流吗？关于晚上就准备好衣服的家规会减少早晨的选择焦虑和压力吗？什么样的早间习惯会让你的子孙后代感谢你呢？

长胜思维要求我们加强一些特定的能力，包括使用我们的亲社会情感，比如同理心、感激和敬畏。强化这些方面的能力可以让我们更深入地思考和感受过去、现在和未来，了解我们在时间轴中的位置，并关心尚未出生的子孙后代。有许多伟大的科学家在研究如何发展亲社会情感。

---

① 家长控制（parental control）指的是对设备使用进行控制。"家长控制"是电子设备当中的一种模式，帮助家长限制孩子使用设备的权限和时间。

其中最重要的人物是马丁·塞利格曼，他是"积极心理学之父"。长期以来，他一直认为，与其找出人们痛苦的所有原因并加以补救，不如找出让人们变得强大的原因，并寻找方法来加强这些特征。他说，心理学不应该只能补救问题，而是能促使我们变得更好。

美国东北大学社会情感实验室主任大卫·德斯迪诺和斯坦福大学社会神经科学实验室主任贾米尔·扎基等研究人员是这方面的先行者。他们向我们展示了亲社会情感是可以培养的技能。德斯迪诺说："数千年来，这些情感一直被精神传统作为技术来培养美德（通常需要面向未来），而不是恶习（通常以追求眼前的快乐为特征）。现在科学表明，这些与生俱来的情感实际上会改变我们的行为。"德斯迪诺的实验室已经证明，通过冥想练习有意识地集中注意力可以培养同理心，表达感激可以使我们减少对有限资源的消耗。正如扎基在谈到同理心时所说："当我们一遍又一遍地练习'参与'时，我们就建立了一种更强大、更广泛、更有力的同理心。"例如，在一项同理心研究中，女性和男性在准确判断他人感受的能力上存在显著差距（猜猜哪个性别做得更好）。但当研究参与者被告知他们将因其准确性而获得报酬时,这种差距就消失了。这并不是要挑男性的毛病(请记住,几百年来,我们的整个文化都贬低了女性的价值),而是要表明我们的可塑性有多强。"如果我们有理由去练习同理心,"扎基说,"我们就会这样做,而且在这个过程中我们会变得更好。"更重要的是,如果我们得知同理心是可以培养的,而我们有能力建立更具同理心的大脑链接,我们就更有可能这样做。

当我们都这样做的时候,亲社会的倾向就成为一种自我复制的文化缺省①,我们的大脑就不会立即跳到短期主义。相反,我们从他人和环境中得到强有力的暗示,暗示延迟我们的即时满足是有益的——这是一种系统性覆盖。当然,基本的直觉仍然存在(记住,我们仍然与古代的自己相似),但我们可以认识到它们的存在,向它们问好,然后选择不同的行为,并为未来的人类重新书写故事。我们可以更有意识地选择成为一个优秀的人所需要的东西,然后为之建园(就像花园一样,计划可以改变,需求可以演变,而且工作永远不会真正完成)。在更加积极主动的情况下,

---

① 文化缺省(cultural default)指的是在交际过程中双方对共有文化背景知识的省略。

长胜思维

我们从试图维持原来的状态转向认识到我们与生俱来的创造和再生的能力，帮助我们变得比以前更好。我们将其传递给下一代，而他们又将其传递下去。从本质上讲，我们给予了下一代更高的起点。

第二章　改变

# 长胜思维的核心理念

我不想把短期主义称为"头号敌人",因为过去它给我们带来了诸多好处。然而,现在,当我们处于狂风暴雨的潮间期,周遭充斥着环境、社会和经济崩溃的风险,我们必须坚决摒弃短期主义。短期主义使我们变得激进和自私,而能帮助我们度过这一时期的是更具拓展性和集体性的思维。实现这样的转变需要一个过程,这就是长胜思维的用武之地。

长胜思维有两个重要的核心理念,旨在对抗短期主义的力量,并帮助你"培育"大脑,让你的每一个决定都能考虑到更宏观的图景,即使这些决定深藏在你的意识表层之下。这些核心理念是:

跨代共情——不断地意识到你在存在链中所处的位置,你所传承的历史,找到与现在一致的地方,并做出调整从而改变未来。

未来思维和终极目标——对未来的多种可能性进行思考，并想象自己理想的未来。

这些核心理念教会你放眼全局。将这些观念结合在一起能促使我们逐步成为子孙后代的伟大祖先。正如我们因为知道同理心是一种可以培养的技能，从而变得更富有同理心。现在你已经知道长胜思维是一种可以培养的技能，因而你就更容易过上拥有长胜思维的人生了（看看我做到了什么！）。你将更多地和朋友谈论长胜思维，或是无意间提及长胜思维，进一步巩固它的地位。

这些核心理念被融入了"长胜思维"这个简单的词里。你可以将它写在日历、黑板和便利贴上，或者轻声地念一念，使你集中注意力，提醒你接下来要做什么，以及为什么要这么做。这会促使你看到自己的每一天都是如何变化的，注意到自己的神经元如何以不同的方式被激活，然后第二天继续这么做。

在我的生活中，我每天，甚至每时每刻，都在使用长胜思维。我会使用长胜思维来决定如何分配时间，如何花

## 第二章 改变

钱，如何与自己交谈，以及如何与周围的人相处。虽然长胜思维无法使我的生活变得完美，但它确实使我的生活变得更有意义。它让我停下来思考：每件事都有什么意义？这件事为什么会发生？与我想要创造的未来有什么关系？

确实，在日常生活的简单决定中这样思考似乎有些令人头疼。但这种思维带来的影响不容小觑。比如有位首席执行官在每周的预算会议和公司领导层静修会上，都会在白板上写上"长胜思维"。而事实上，我也已经使用长胜思维帮助世界上的一些大型组织做出决策。长胜思维会影响到200年后的社会，人们可能会发现像正义这样的概念完全没有存在的必要，因为我们没有理由不公平公正地对待彼此。

或许仅仅读完前几章你就已经开始在生活中采用长胜思维了（希望如此！）。现在我们会介绍得更加深入，从理论谈到个体，从文明论及个人。

第三章将促使你从更宏观的视角思考自己在世间的定位。这意味着我们不仅要意识到自己在展望未来，而且要明白回顾（感知）过去也同样重要。我们需要回头看看很久很久以前的世界。

# 第三章　实践

回顾过去，反躬自省，展望未来

我们就是过去。我们是成千上万年时间的沉淀。我们是种族经验和知识累积的结晶。我们是传统的继承者，我们也受到诸多环境影响。在内心深处，我们是过去一切事物的残留。这就是我们心灵深处那隐密的部分。

——吉杜·克里希那穆提（Jiddu Krishnamurti）

## 第三章　实践

最近，我偶然发现了我的母亲在墨西哥生活时创作的一幅有 50 年历史的拼贴画，这幅画描绘了市井生活，色彩浓郁且图案生动。画的背面贴着报纸，记录了 1970 年某天墨西哥城的悲喜。这样的搭配很有意义。对我母亲来说，生活总是与环境有关。在我的童年时代，当我们在艺术馆里闲逛时，她会谈论艺术家对视角、光线和形状的运用，但也常常提出关于艺术家的内心和外部世界的问题——大部分是没有答案的。"你认为艺术家创作时在想些什么？"或者"你认为在他们的生活中正在发生或已经发生了什么？他们的社会呢？"你不能在看待任何一个人或事物时忽略其周围的世界，这个世界塑造了他。我的母亲当初离开美国到墨西哥学习正是因为想要了解环境的影响，她想知道自己在旧金山湾区的成长经历如何影响她融入更宏大的世界。其实,正是她的老师,未来学家巴克明斯特·富勒,建议她扩展审美视野,超越西方的经典观念。

我的母亲不仅影响了我看待艺术的方式,更影响了我看待万事万物的方式。当我读到一篇关于某位政治家丑恶行径的文章,我也会考虑到环境,是什么让他们做出那样的行为?他们的成长经历是怎样的?他们的父母起到了什么样的作用?他们的祖父母呢?我不是要为他们的行为开脱,而是在试图理解行为是怎样产生的。我们经常根据个体的某一行为来决定是否要指责他,这就是一种"寿命偏见"[1],会妨碍我们看到行为产生的根本原因和未来可能的积极进展。没有什么是黑白分明的,没有什么是完全二元对立的。在我思考世界和行走世界的方式当中,都有我母亲留下的痕迹。

我的所作所为也受到了来自父亲的影响。小时候,我们全家偶尔会乘坐一整天的火车,从核桃溪[2]到西部的塞拉山脉,穿过陡峭的峡谷,到达我们的最终的度假目

---

[1] 寿命偏见(lifespan bias),指的是以一个人的寿命作为衡量单位看待事物所产生的偏见,后文会对其做详细介绍。
[2] 核桃溪(Walnut Creek)是美国加利福尼亚州的一个城市。

## 第三章 实践

地——里诺①。我清楚地记得,在第一次旅行时,我听到了父母的对话。我的父亲惊奇地说:"你知道吗,上一次我在这样一个雪山峡谷里的时候,我带着一把机关枪。我们不知道有没有下一顿饭,也不知道路上的哪个弯道会有纳粹分子藏在后面。我睡觉的时候会把枪握在手里,把保险栓打开。我不知道会怎样醒来,是被太阳晒醒,还是被德国人的手电筒照醒?我也不知道自己究竟会不会醒来?现在我在这里喝着咖啡,而我的3个孩子正望着白雪覆盖的树林,喝着热巧克力,涂涂画画。"他的语气让人觉得一切就像是科幻小说,他曾经有过那样的经历,而现状却大相径庭,真是有种超现实的感觉。这段记忆展现了我父亲内心深处对过去的敬畏。即使他经历了这一切,他仍坚信万事皆有可能,他把这一信念传承给了我。虽然我们都有局限,但我们也有自己的能力。我母亲的信念与我父亲的信念都影响了我在长胜思维实验室每一天的工作。当我读到关于我们正在将人类之船驶向冰山的最新分析时,我想到的是,对啊,如果我们将船转向会怎么样呢?我们怎样才能使这艘船转向呢?

---

① 里诺(Reno)是美国内华达州西部城市。

思考父母的人生经历正是长胜思维的一个核心理念：跨代共情。跨代共情能帮助你不断地意识到自己在存在巨链中的位置。你需要探索先人的需求、选择和感受，这是成为伟大祖先的第一个环节。第二个环节则是检视自我实现，在跨代背景下实现自我共情。第三个环节要求你探索子孙后代的需求和期待，也就是对于未来的跨代共情。完成这些环节，你就能穿过漫漫长路，理解你自己在人类长达数千年的历程中所起的作用。如此，你就能更好地展望未来，并开始培养长胜思维。

在本书的开篇序言中，我分享了乔尼的故事，他在路上遇到了一个在种角豆树的人。虽然这个人知道自己在有生之年或许无法看到绿树成荫的景象，但他还是种了树，因为他的祖先曾为他种了一棵。那么，祖先曾为你种下的角豆树究竟是什么呢？

让我们花几分钟思考一下，我们今天的经历是如何被前几代人的选择（包括外部和内部）所塑造的，以及他们是如何做出这些选择的。或许也可以想象下一代人的经历，他们（未来的子孙后代）会如何回答这个关于我们的问题呢？他们的答案与你希望他们所了解的一切是否一致呢？

## 第三章 实践

如果你每天都问自己这些问题，一天问好几遍会怎样呢？如果你问自己："我的祖父会怎么想？他的想法对我的世界观有什么影响？我的曾孙们又会怎么想？"或许你正在考虑是否要接受一份高薪的工作，但据说公司文化很糟糕，工作时间很长，而意义感又很低。可以想象，先人们肯定会笑话你这还需要考虑，因为养家糊口对他们来说就是生命的一切。这种价值观是否依然不知不觉地影响着你呢？你希望自己的曾孙们怎样看待这样的工作呢？现在，如果你不只是想象，而是能感觉到呢？利用这些信息（无论是逻辑上的还是情感上的）来指导你的选择是长胜思维的基本原理之一。

至少在西方文化当中，我们通常会坚持采用某一特定的框架来指导我们的选择。我父母在养育我的过程中借鉴了柏拉图、亚里士多德、苏格拉底、尼采和康德等知名哲学家的智慧。他们都很杰出，但有一件事如今让我感到遗憾，而且开始质疑我们看待生命意义的方式。他们都把一个人的寿命，也就是从出生到死亡的过程，作为衡量美德和善良的单位。

我们不能在思考这个世界所面临的问题时，将思维局限于以一个人的寿命作为衡量单位。这些问题包括粮食安全或气候变化,甚至也包括我们的家庭所面临的问题,比如情绪健康状况。当我们这么做的时候,我们就陷入了"寿命偏见"。从长胜思维的角度看待事物,我们就能想得更长远,并且从两个方向进行思考。我们会思考过去——我们母亲的经历和曾曾曾祖母的经历,以及未来——我们的孩子、侄女和侄子的经历,以及他们的曾曾曾孙的、侄孙女和侄孙的经历。

跨代共情是短期主义的解药,能帮助我们将长期目标置于短期利益之上。它会提醒我们,自己只是存在巨链中的一环——在你亮相之前发生了很多事情,在你谢幕之后也会有很多事情发生。而在你谢幕之后会发生的事取决于你在"你的人生"这场歌舞剧中的所思所想所感所为。

第三章 实践

# 与我们的祖先共情

> 历史的强大之处在于它如影随形,而我们难免为其所控,所作所为皆有其因。
>
> ——詹姆斯·鲍德温(James Baldwin)

有些时候,我能敏锐地意识到自己继承了什么,我感觉到自己的很多反应与父亲的经历有关。比如说,我和我的妻子莎朗去乔氏超市进行了一次马拉松式的购物之旅,当我们把两辆装满东西的手推车推到车子旁边时,她说,我们在家里卸下所有东西会需要一些时间。我说:"我会把冷冻的东西拿到地下室去。"当我忙着把很多我们可能不需要的东西扔进手推车里的时候,莎朗已经帮收银员把所有东西装进袋子里了,但她说并没有把需要冷冻的东西和储藏的东西分装在不同的袋子里。出于某种原因,这激怒了我，我对她发火了。

"我又不是个专业装袋的！"她提醒我道，"你是怎么了？"

我明智地闭上了嘴，思考着为什么自己会如此激动。我崩溃的时候脑子里在想什么呢？我一直在想：莎朗，你应该知道要怎么做才对。你应该永远知道。你不仅是妻子，还是母亲，你应该知道。我并不是说这些想法是公平的，它们只是我潜意识里的想法。

我很容易地联想到了我的父亲，他经常会因为同样愚蠢的原因对我的母亲生气。我想知道他为什么要那样做。（由于母亲的影响，我也认为万事皆有因。）我想到了他和他生命中的女性的关系。他总是兴高采烈地谈起自己的母亲。但我一直怀疑，在内心深处，他在生她的气。因为在大屠杀开始时，她没有做正确的事情，没有离开，没有以某种方式拯救自己的生命——这本来就是不可能做到的，她当时并不知道该怎么做。我觉得父亲总是有种被抛弃的感觉，因此他很生气。

在关于乔氏超市冷冻商品的这件事中，我很快就能推断出我从父亲身上继承了什么。但其他时候，我们传承的

## 第三章 实践

方式大多是潜意识的。就像是早上刚穿上裤子的时候，你会感受到裤腰的束缚，但是除非裤子太紧了，否则你就会逐渐感觉不到这种束缚了。这是因为你的大脑底部有一种网状激活系统，这个系统会过滤掉刺激和信号，因为有一些感觉（在这种情况下，也就是你的裤腰带）当下并没有必要被意识到。如果我们的大脑一直专注于我们的裤子，那么我们就没法高效地度过一天。但这并不意味着我们没有穿着裤子，也并不意味着裤子不会影响我们的行动。有时，忽略掉它们只是出于权宜之计。我们也是以同样的方式对待历史，无论是好是坏。有时确实非常糟糕。

无论是在个人层面还是社会层面，无论我们的祖先是施害者还是受害者，在创伤面前，人们实践跨代共情的能力根本不值一提。当过去是不合情理的，甚至只是让人感到不适，即使是我们出生之前的过去，我们也有可能会选择向前看（"过去并不重要""一飞冲天，浩瀚无垠"①），也有可能会选择自我防御（那些可怕的事情又不是我做的）。但是，这两种心态都没有从过去吸取教训，也没有意识到，

---

① "一飞冲天，浩瀚无垠"（To Infinity and Beyond），出自《玩具总动员》，是主角巴斯光年的口头禅。

就像裤子的裤腰一样，我们生活中的每一天都在穿着它。不承认过去对我们现在的生活方式（无论是个体还是社会）所产生的深刻影响，就像用胶带粘在破裂的水管上一样。是的，可能在短期内是有效的，但最终一定会爆裂，随之而来的溢流将比我们想象的更糟糕。

这就是为什么对过去的共情与未来息息相关。跨代共情能让你看到是什么造就了你。它向你展示了你带到自己生活当中，或者说是继承而来的"行李"。跨代共情会帮助你把过去放在适当的位置，这样你就会意识到有多少自己想要的东西是来自他人，使你以不同的方式思考……这能帮助你运用长胜思维进行思考。

跨代共情当中的共情是让我们从过去中学习，并以最好的方式将其铭记于心。共情与同情不同，共情是超越自我，想象他人感受的能力。这并不意味着你也会有这种感觉，或者你认为他们有这种感觉是对的，只是你可以想象得到。

如果你很难与你的祖先共情，那么想象一下，在2150年，你的曾曾孙将如何看待你的生活。也许将来会有技术可以让人类读懂动物的思想，那么我们的后代一定会觉得我们

## 第三章 实践

食肉很野蛮。当他们看到我们对气候变化的忽视,可能会感到愤怒,至少会感到困惑。而我们有能力,也应当让这些可能性来指导我们做出更好的决定,我们拥有一个优势,那就是,我们身处当下。我们在尽己所能做到最好,我们也应相信我们的祖先。

这一点必须明确:与我们的祖先共情并不意味着给谁开脱,不是为我们自己开脱,更不是为那些可能已经犯下暴行的祖先开脱。我们并不是在安抚什么。我们能意识到,他们所处的心理和社会环境与我们不同,没有人可以垄断任何事物的完美状态。我们的祖先也是几百年前存在链上的一环。即使我们已经非常了解,与祖先共情也需要谦逊的心态,并且进行细致入微的观察。如果我们忽视祖先的行为,那么我们就什么都学不到,更不用说理解他们的行为对我们的影响。

回顾过去可以帮助我们打破个人和社会层面上根深蒂固的苦难困境。在南非,在种族隔离之后成立了真相与和解委员会,以便让被侵犯了人权的受害者讲述他们的故事,允许侵犯人权的肇事者为他们的行为承担责任,并请求赦免。虽然并不完美,但这个委员会基本成功地促使国家以恢复而非报复的理念向前发展。真相与和解的过程需要坦诚，是一个哀悼、宽恕和治愈的机会。不同的社会用自己的方式来应对这个概念。

接下来，我还要提到德国。律师、活动家、平等司法倡议组织的创始人布莱恩·史蒂文森曾说，他之所以能够访问柏林，是因为德国人公开承认大屠杀，在犹太家庭居住的房屋上挂有牌匾，还有一个著名的纪念博物馆。"如果没有人承认，没有人谈论，"他说，"那么无论现在人们有多善良，我都无法信任一个做了这样骇人听闻的事却不承认的社会……"如果我们没有意识到自己身上所承载的过去，我们就是在对一切再次发生的风险视而不见，我们是在通过否认损失而延续痛苦。

有些政府在引导人们与过去和解，这很棒，但我们无须依赖政府的引导也可以做到。如果有足够多的人谈论他们共同的过去，如果有足够多的人能有意识地整合这些过去并从中学习，这就能成为一种文化思潮。

比如说，史蒂文森的平等司法倡议组织就是反思美国历史的先驱之一。这一组织发起了一个项目，参与者可以带个罐子和园艺工具，到私刑现场收集土壤，从而纪念和

## 第三章 实践

缅怀受害者。当时,一位黑人参与者在亚拉巴马州西部的路边这样做,她有些不安地注意到一辆卡车慢慢在附近停了下来。一个高个子的白人下了车,问她在做什么。她答道:"这是1937年一个黑人被私刑处死的地方,我要纪念他的生命。"

史蒂文森继续讲述这个故事:"她说她很紧张,于是挖得越来越快,而那个人只是站在那里。然后她说,那个人问'这份报纸是关于私刑的吗'?她答道,'是的'。那个人说,'我能看看吗?'她同意了,把报纸递给男人,继续挖土。那个人看了看报纸,而后放在了一旁。让她震惊的是,他开口问道,'不好意思,我可以帮你一起挖吗?'她答应了。然后,这个人跪了下来。她把挖土的工具递给他,他却拒绝了,'不,不,不,您用这个吧,我用手就可以'。她说。这个人开始用手挖土,用了很大的力气,带着很大的决心,他把土捧起来放进罐子里。她说他的手被土染成了黑色。她被他全力以赴的样子打动了。她哭了起来。那人停下来说,'很抱歉,让你难过了'。'不,不,不,您让我很感动。'她说。她继续用工具挖着土,而他继续用手挖。罐子快要装满了。她看了看他,发现他的肩膀正在颤抖。而后，她看到眼泪从他脸上流了下来，于是停了下来。她问，'您还好吗？'他回答，'没事，女士，我只是……我只是很害怕，可能我祖父曾经参与了对这个人的私刑'。"

即使拥有截然不同的人生经历，他们通过一起挖掘这片土壤，共同感受过去的创伤和痛苦，并且承认这些过去的往事对现在的生活依然产生着影响。这样的行为并没有掩盖过去，也并没有营造一个皆大欢喜的时刻①，但是，值得庆幸的是，这样做确实在为和解（而非遗忘）奠定基础，能使他们都迈步向前，从而建设更美好的明天。

这个关于土壤的故事非常生动，正如私刑也是我们祖先犯下的罪孽当中一个非常戏剧性的例子。跨代共情通常没有这么明显，有时完全是一个内在的过程，就像我因为冷冻食品对莎朗大发雷霆之后的心理过程。但是，如果我们想要拥有长胜思维，这就是我们所有人都要经历的过程，无论是个体还是集体。我们必须回顾一切开始的地方，才

---

① 皆大欢喜的时刻（a kumbaya moment），"Kum ba yah"在英文中为"Come by Here"，原本是美国黑人的一首传统圣歌，后来发展为一首孩子们参加夏令营时的必唱曲目。

## 第三章 实践

能展望未来。

找一个能让你有安全感的私密房间,站在镜子前(最好是全身镜)。当你做好准备的时候,脱下衣服。这不是一项克服羞愧的练习,或是什么奇怪的事,所以尽可能地不要对此做任何判断。先看看你上腹部的皮肤,接着将目光移到自己的肚脐。这片区域里一平方英寸的皮肤大约有四百万个细胞。许多年前,当你还在母亲的子宫里被孕育的时候,这个部位对你的生命来说极其重要——和几千年前的人类以及在他们之前几千年前的人类被孕育的方式一样。而在你被孕育之前,一个小小的卵子受精并最终成为你。它是在上一代,当你的母亲还在你祖母肚子里的时候被创造出来的。仔细领会。

现在,你无比神奇地进化成了如今的模样,站在你家的房间里。镜子里的身体是你和在你之前的数十亿智人的模样,从脚的形状(为了每天在荒凉的大草原上行走数小时而生)到地球上有史以来最神奇的器官——大脑。你的身体正在讲述一个生物学的故事,这令人感到谦卑且无比惊叹,不由得心生敬畏。

仔细瞧瞧你的脚、膝盖、臀部、手、肩膀、脸和眼睛,所有这些都是从你的先人进化到如今的形态。在你的身体形态当中,你能找到远古祖先的影子,他们用肌肉发达的躯干狩猎,你也能在自己的笑容中找到你可爱的祖母罗西的影子。当你在晚上伸手关灯的时候,你正在经历和祖先们一样的肌肉反射。你对黑暗的恐惧可能也是你血统中的一部分。你遗传了这副躯体,同样也遗传了祖先的生活经历。你的每一个身体特征都意味着你继承了成千上万个文化、行为和环境遗产。

现在,慢慢地举起你的右手,放在你的心脏上,将左手轻轻地放在你的腹部。当你吸气和呼气时,感受胸部和腹部的起伏,观察心脏的律动。问问你自己:

我想从祖先那儿继承哪些遗产?

我想留下些什么?

花点时间记录你的答案,当你在生活中做出大大小小的决定时,想想这次镜像体验的感受。

约瑟夫·坎贝尔曾经写道:"我们每个人都在两个世界中穿梭:一个是内在世界,即我们的意识;一个是外在世

## 第三章 实践

界,即我们对于某一个时代或地区的历史的参与。"为了践行长胜思维,这两个世界必须携手合作。我们必须充实并且真实地生活,才有可能成为优秀的后代或是伟大的祖先。因此,跨代共情的自我共情部分要求我们过上一种协调的生活。有两个工具可以帮助我们过上这样的生活:

1)实践自我同情;
2)承认我们生命的有限性和遗产的潜在无限性。

自我同情指的是一种意愿,既对我们的弱点和过失采取善意和宽容的态度,又能做出努力来进行弥补。正是自我同情帮助我们从错误中吸取经验,并且继续前进,做得更好。回顾本章开头提到的乔氏超市冷冻商品这个例子,如果我没有给自己调整的机会,我就不可能承认我对莎朗发火是错误的。

斯坦福大学社会神经科学实验室的贾米尔·扎基对自我同情进行了深入的研究,他说,缺乏自我同情会使我们在生活中步履蹒跚——我们在发生冲突时会变得过于固执,而当我们与他人意见相左时,则会无法妥协。想象一下,一个高中生考砸了一场大考。虽然考前的那一晚她本打算好好学习，却玩起了抖音，熬夜到很晚。当她知道自己的成绩时，她的内心产生了一些非常糟糕的想法：我太笨了，所以我理所当然会成绩差；我就是个不负责任的白痴。当她的父母问她考了多少分时，她的羞耻感使自己处于一种僵化的防御状态，她就会非常叛逆。然而，如果这个女孩能够自我同情，她的内心对话就会完全不同：我是想考好的，我努力了，有时候我也会搞砸；那天晚上玩抖音不是最好的选择，但我当时感觉压力太大了，需要释放；没关系。我要承认这个错误，但也要向前看；或许我可以试着问问有没有获得额外加分的机会。

  公司、社区和整个社会都受益于促进自我同情的举措，能避免陷入由过去的失败所带来的羞耻感。有时这是一种非常智慧的公关方式。你可能还记得2018年星巴克遭到了严厉的批评，因为当时美国费城的一位咖啡师在没有正当理由的情况下报警投诉了两名黑人。星巴克没有采取防御姿态（"那只是数千名咖啡师中的一名"），而是表达（我转述一下）这感觉太糟糕了。好公司有时也会犯错。我们想做得更好。为了给员工进行反种族歧视培训，星巴克的

## 第三章 实践

八千家门店停业了一下午。

美国国家航空航天局也同样致力于从错误中吸取教训，绝不执意否认错误或寻找借口。他们有一个"停下来学习的过程"，在这个过程中，团队成员定期回顾哪些有效，哪些无效。这些会议并不会产生什么样的后果，重点在于坦诚，以及更好地向前发展的精神。如果人们发现回顾所发生的事情会带来糟糕的后果，他们就不太可能承认自己做了什么，或在面对质疑时防御性地反击。没有人能从中学到任何东西。另外，"停下来学习"提供了真相，以及和解和重拾初心的契机。而在美国国家航空航天局的案例中，这个目标就是到达太空。这个重要过程也被称为"事后审查"，这种自我意识和从错误中学习的练习已经被美国军队，以及荷兰皇家壳牌集团和哈雷戴维森公司等组织采用。

让我们也试试对自己采用一些充满爱与友善的技巧，来完成"暂停、学习和调整"这个过程。花点时间，回想一段你希望能变得更好的经历。你可以从小事儿开始，也可以从大事儿开始，只要谨记我们不是为了给自己或他人造成更多伤害。轻轻地吸一口气，试试能否把自己的选择和反应归结于事件转折点之前你的某种独特的感受或感觉。

保持这种感觉一小段时间。你感受到了什么？在这种情绪、想法或记忆当中是否隐藏着另一种情绪？在你的生活中，有没有其他时刻你也有同样的感觉？好的，非常好。现在，深吸一口气，或许再深吸一口气，然后问问自己，"我希望我（或我们）在这件事之后有什么感觉？我（或我们）在哪些方面可以做得更好？"我敢打赌，这一系列的问题比之前的问题感觉好多了。保持这种温暖的感觉，坚持一会儿。当你准备好的时候，我们来练习一下自我同情。对自己反复说：

> 我是一个非常不完美的人，我正在学习。
> 我是一个正在学习的人，我渴望应用我所学到的东西。
> 我是一个有抱负的人，我正在改善自己不健康的习惯。
> 我是一个正在康复的人，但我仍然会犯错。
> 我是一个会犯错的人，但我正在努力做到知行合一。

随着时间的推移，你可能会有专属于自己的话语，能让你感受到真实的自我。主要的观点是，我们应当从自己的经历中吸取智慧，并且放下所有让我们难以继续

## 第三章 实践

前进，或起初让我们自我怀疑的复杂情绪。或许你可以把自己进行这项练习的过程记录下来，包括你希望自己在将来处理类似情况的方法。你可以在自己的笔记中圈出"理想的感觉"，并且在未来遇到艰难处境的时候以此作为自己的心锚[①]。

在我们的一生中，有非常多需要学习和调整的地方，但我们的时间非常有限。生命如此井然有序，我们必须接受这样一个事实——总有一天，我们将不在人世，而这一事实赋予我们生命中所做的一切意义。这时，你可能会翻个白眼说："是啊，我听过蒂姆·麦格罗的歌——"把每一天当成末日一样来过"。跳伞、爬落基山等，把每一天都当成生命中的最后一天来过，抓住每一天。明白了。"除了贺卡上的祝福语和乡村音乐的歌词，我们大多数人仍然没有以这种方式生活。这并不是说要冒更大的风险或先吃甜点[②]，我们当然不希望比现在更短视。相反，我们想要

---

[①] 心锚（anchor），指的是人内心的某一种心情和行为中的某个动作或是表情链接，所产生的条件反射。

[②] "人生苦短，先吃甜点"（life is short, eat dessert first）传达出及时行乐的生活态度。不像其他食物带来饱腹感，甜点带给人欢愉。

承认死亡，这样我们就可以顺应自己的心意而活，而我们的生命就会在世间产生影响。更重要的是，在时间的长河中留下痕迹。"你只能活一次"（You Only Live Once，缩写为 YOLO）变成了"你的生命远不止与你相关"（Your Life Is Bigger Than You）（诚然，这句话的缩写没有那么酷）。

人类的独特之处在于，我们不必置身于濒死的境地，就能明白死亡会降临到我们所有人身上，而且随时都可能降临。这是一个令人恐惧的事实。正如欧内斯特·贝克尔在他获得普利策奖的著作《死亡否认》中所写的那样："人类实际上被一分为二：他意识到自己辉煌的独特性，因为他以高耸的威严傲立于自然之中，然而他又回到了地下几英尺，在黑暗中无声地腐烂，永远消失。"这是一个可怕的困境，却不得不面对。

一方面，我们总是否认（至少会逃避）对死亡的恐惧。我们把对死亡的想法藏到地毯下面。当然，即将到来的死亡是一头大象，但我们的地毯真的很大，铺满了整个地板。如果大象爬出来了，我们就会换块更大的地毯，或者升级为绒毛地毯，别管这有多不实用。出于对死亡的否认，很

## 第三章　实践

多人不填写授权书或是立遗嘱，甚至很多身患绝症的人也是如此，这也解释了为何人们迟迟不去探望年迈或濒临死亡的亲人——这种感觉非常不适。地毯不够有弹性，不足以承受这种接触带来的影响。这种对死亡的否认解释了为何尽管80%的美国人想死在家里，却只有20%的人做到了，也解释了为何在只有三分之一都不到的情况下临床医生会询问病人的临终愿望。连医生都不想谈这个问题！

另一方面，那些从事死亡相关工作的人觉得自己每天都能感受到强烈的使命感，这是他们对生命秩序的感受。安东尼·贝克是临终关怀卓越中心的创始人，他谈到了临终病人面对死亡的勇气和坦诚，他们大方地面对即将到来的死亡，并为生命最后的日子制订了特定的、极富意义的计划。"我得出的结论是，"他说，"面对自己的死亡和脆弱会让人充满活力。"斯坦福长寿研究中心主任、心理学家劳拉·卡斯滕森在研究为何老年人的压力、担忧、愤怒和心理困扰比年轻人少的时候，得出了类似的结论。她发现，随着他们在世的时间越来越短，他们的目标越来越明确，他们的情感生活也越来越丰富，包括他们自我原谅以及与他人和解的能力也越来越强。

我们并不一定要等到年迈或是生病时，才去思考死亡。我们现在就可以这么做，从而过上更充实的生活。它可以是我们日常生活中理所当然的事情。例如，我曾经受邀和一位国民赞誉度极高的电视导演交谈，他在着手一个宏大的项目时感到"卡住了"。我说："等到了21世纪80年代，有人坐下来翻开早报，看到了你的讣告。第一段介绍了你杰出的导演生涯，第二段是关于你在朋友和家人眼中是个多好的人，第三段则是关于这个项目。你觉得这个项目有什么特别之处，值得成为你的讣告当中的第三段呢？"他瞪大了双眼，我发誓我能看到他的内心有所触动。在接下来的会谈中，我们讨论了他的世界观当中最重要的主题和理念。这些理念贯穿了他的项目，但是他没有言明也没有强调。和我们大多数人一样，这位导演一直沉浸在当下的麻木中，但死亡的问题让他清醒了过来。为了采用长胜思维，我们必须勇敢地面对死亡，并与之和解。我认为死亡是我们为后代采取行动的一个重要障碍。要做到这一点，我们都必须踏上这趟艰难的心灵旅程，去身后的时间看看。

选择一件你生命中非常重要的事，这件事花费了你大

第三章　实践

量的时间和精力。可以是你的工作，你参加的一个志愿者项目或是你正在组织的一个活动。现在，从悼词的角度想想这件事，它会被写在你的悼词里吗？会写在第三段吗？如果答案是肯定的，那么就把这件事记下来。它会在结尾的部分被提及吗？抑或你并不希望自己以这种方式被怀念？如果答案是后者，这件事仍然值得花时间去做吗？

现在我们即将进入跨代共情的最后一部分——与后代共情。在我们进一步讨论之前，让我们想明白一件事：你并非一定要有孩子才能有子孙后代。正如特蕾莎修女所言："这个世界的问题在于，人们把自己家庭的范畴划分得太小了。"所以不要从字面上理解"子孙后代"。我们每天所做的大部分事情和决定都在影响着子孙后代，这是众所周知的事实。易洛魁联盟是现存最古老的参与式民主组织（其历史可以追溯到1142年），它的创立文件中写道："在我们的每一次审议中，我们都必须考虑我们的决定对未来七代人的影响。"

现在，我们又提到了死亡，因为当我们谈论如何成为优秀祖先的时候，其实是在谈论遗产。如果死亡赋予生命意义，那么遗产赋予死亡意义。

长胜思维

　　长胜思维帮助我们与死亡和平共处，因为它通过我们的遗产给我们带来了一种延续感。长胜思维能够帮助我们认识到我们每个人都具有影响力，我们的行为和存在方式（我们的印记）可以筑高子孙后代的起跑线。想象一下，如果每一代人都不必在自我认知和自我实现的起跑线上重新开始，通过个人的努力（通过每个人的努力）我们可以以惊人的速度推动社会进化吗？试想一下，如此大幅度地筑高起跑线将对公元5000年的智人意味着什么？

　　对子孙后代的关怀是跨代共情的最后一环，能够调和自我和生理死亡。从"硬件"的意义上说，我们可能已经死亡，但我们的"软件"却在一代代地继续进化和发展。当我们感受到自己对子孙后代的影响时，我们就会受此引导，在当下做得更好。我们并不是出于负疚而"做得更好"，而是因为我们意识到我们能够帮助他们变得更好。我们正在这个项目中发挥作用：在未来一万年里创造更好的智人。

　　与其他生物不同，只有人类才有能力了解我们在时间和历史上所处的位置。虽然所有哺乳动物都意识到存在"此时此地"——一种记忆形式以及对未来的基本意识，但

## 第三章 实践

人类对未来的理解之所以如此不同,是因为我们可以想象多种可能性,并提前数年为之做好计划。当我们答应求婚的时候,或者当我们进入学校成为一名训练有素的专业人士的时候,或者当我们出价购买想象中未来我们(和我们的孩子)居住的房子的时候,我们都会这样做。我们用过去的记忆来书写看似合理的未来。正因为如此,只有我们自己有能力创造我们想要的明天。最重要的是,我们希望自己未来的子孙后代所能拥有的明天。

目前,已有大量的研究探索了人类的这种能力——未来意识。这个领域的专家汤姆·隆巴多博士认为,即使是我们最早的史前祖先,也有明显的未来意识。而现在,当我们去看房子的时候注意到一块休息区,就会想,"应该去一趟车库甩卖[①],给这块空间找一个蒲团"。我们的南方古猿和能人祖先会想,"如果我能创造一个好拿的圆形工具,那么吃土豆泥时就会更方便了"。他们能够制订计划,并且采取行动来执行计划。未来意识赋予了我们一种进化上的优势,因为既然我们能够为未来的不同可能做好准备,我们就更有可能生存下来。

---

① 通常在私人住宅的车库里进行的闲置物品拍卖。

虽然我们有能力为未来制订计划，但这并不意味着我们擅长于此，尤其是在预测我们的感受方面。研究表明，我们很不擅长预测什么能让自己在未来感到幸福。这样，我们又怎么能想象什么会让我们的后代感到幸福呢？我们必须在这两方面都有所改善才有可能成为伟大的祖先。

让我们先想象一下未来的自己，毕竟你要先能跑完5公里，才能跑马拉松。想象一下10年前的你，你的食物偏好、你的音乐品位，以及你的优缺点。再想象一下，10年后你会变成什么样。你会喜欢什么？会听哪些艺术家的作品？想要什么样的生日蛋糕？如果你和大多数人一样，那么审视自己在过去10年中如何改变和成长，比想象自己在未来10年将如何改变和成长要容易得多。研究人员，例如畅销书《撞上幸福》的作者丹尼尔·吉尔伯特，将这种现象称为"历史幻想的终结"。归根结底，在任何时候，我们都觉得自己会一如既往地保持自我，确信自己的喜好和价值观，甚至音乐品位在未来都不会发生改变，尽管它们在过去已发生了很大的变化。吉尔伯特也指出了这一点，那就是，即使在我们评判自己曾经是谁的时候，"我们也似乎

第三章 实践

从未意识到,当未来的自己回顾过去时,也会有同样的想法"。在每个时代,人们都认为自己笑到了最后,但其实我们都错了。从古至今,如果没有几千年,那也有几百年,人类向来如此。我们总是认为"我们"这一代是有史以来最伟大的一代。

其实当你想象未来的自己时,会出现一些非常酷的大脑成像。大脑很擅长区分自我和他人的概念,但当你展望未来的时候,你的大脑看待未来的自己就像是在看另一个人似的。因此,当我想象20年后自己的生日派对,我眼中(或者说是我大脑中看到的)未来的阿里,就像我在看某个大叔或者某个剧中的角色一样。我觉得自己和他不同,所以也很难与他共情。不过,如果能做到,那就太好了,因为那样的话,我今天就能做出更好的决定来照顾他。心理学家哈尔·赫什菲尔德和他的同事研究了这个问题。他们邀请参与者到实验室,并为每个人的面部制作了虚拟数字人。然后,让参与者戴上3D虚拟现实眼镜,这样他们就可以进入自己的虚拟数字人的世界。参与者能在镜子中看到自己,他们的虚拟数字人随着他们行动,当他们停下来时,虚拟数字人也停了下来,你懂的。其中一半的人,他们的虚拟数字人形象变老了，当他们照镜子时，他们看到的是一个更老的自己。两周后，参与者们被请回实验室，往虚拟的储蓄账户中存钱。为了未来的自己，他们愿意存多少钱呢？那些看到老年自己的参与者为未来存的钱是那些看到现代版自己的参与者的两倍。为什么会出现这种情况？因为他们能更好地想象变老的感觉。

想象中的未来和可调节的情绪是今天的我们和明天的我们之间的关键联系。它们有助于指导和评估我们未来的行动。想想我对冰激凌的热爱吧。当我站在冰箱前，拿起一个苹果而不是冰激凌时，科学家们曾经会认为这都是额叶的工作所致。额叶是大脑中负责执行功能的那一部分。但在做这个决定时，我大脑中的另一个部分也被激活了——右侧颞顶交界区。而我大脑的这一部分是关于同理心和无私精神的。在这种情况下，"春天的阿里"看着那一品脱[①]冰激凌，能够把它放回去，因为他对"夏天的阿里"有同情心，如果他整个春天都沉浸在冰箱里，他就不会想穿游泳短裤了。零售商在推销产品时一直在利用这些想法，在心理学领域被称为情感预测或预期情绪。他们希望帮助

---

① "品脱"（pint）是容积单位，主要于英国、美国及爱尔兰使用。

## 第三章 实践

消费者想象他们使用泡沫沐浴露之后拥有柔软的皮肤会是什么感觉。当购物者可以预见未来时，他们更有可能当场掏钱买单。

这带来了什么样的启示呢？由于我们没有途径看到虚拟现实中年老的自己，因此需要找寻方法来靠近未来的自己和子孙后代。我们需要坐上飞船，进行一次精神上的时间旅行，从而做出有利于未来，也有利于当下的决定。

事实证明，对未来进行具体描绘是非常有用的。在日本的一项研究中，被试组的任务是在两个可持续性不同的解决方案之间做出选择，比如说如何分配一大笔钱，或是目前这一代人该使用多少资源。一部分被试组被指定为下一代的代表，而其他的被试组则没有被指定。作为下一代的代表的小组在60%的情况下都选择了更为可持续的选项。那么，另一个并未考虑下一代的小组呢？只有28%的概率。日本人还因"未来设计"而闻名，在讨论城市规划问题时，当地居民会拿到仪式性的长袍，想象自己是来自2060年的居民。威尔士设立了"未来世代专员"，从至少距今30年后的角度审视立法的影响。瑞典也任命了未来部长。

我们可以从这些尝试中学习并改进。如果美国有个未来部,拥有和国防部一样多的预算,在问题变得严重之前就着手解决,那么会怎么样呢?想象一下,如果一家托儿所的大窗户正对着美国国会大厅,那么立法者就可以看到谁会受到决策的影响。如果这些婴儿是他们自己的孩子或孙子呢?每个公司的董事会会议室都可以专门留出一把椅子来以达到这个目的。在美国亚马逊的会议上,即使是小会议,也应该留出一张代表"客户"的空椅子。现在想象一下,如果在每个重要的董事会会议上,无论是像亚马逊这样的大公司,还是像社区食物银行①这样的小型非营利组织,都留出一把空椅子,代表子孙后代和他们的需求呢?

在我家,我们会小范围地这样做。在壁炉上,除了我父母和莎朗父母的照片,以及我们和孩子们的照片之外,我们还为下一代准备了空相框。每到逾越节,虽然传统上要为先知以利亚设置一个空位,但我们也为后代设置了一

---

① "食物银行"(Food Bank)是将社会资源再利用的组织,收集食物提供给低收入人群,旨在将社会多余的物资转给需要的人。

个空位。逾越节很可能是我最强烈地感受到自己是存在巨链中的一环的时候——看到那些空相框和空椅子,等待着他们的主人;听到孩子们像他们的祖先一样读《哈加达》①的声音;品尝按照莎朗家祖传秘方做的牛腩……这些夜晚对我来说是最容易做到跨代共情的时刻,我能强烈地感受到它正在发生。在这些时刻,我就会想起我的父亲是多么明智。他曾说过,为了报复希特勒,他不想杀了他,而是要生孩子。

在长胜思维实验室,我们设计了一种锚定叙事练习,旨在激发对未来的共情,把跨代共情的线索集中起来,但在世俗意义上,我们要求参与者首先考虑现在正活着的几代人。

"二战"后的一代:婴儿潮一代的人将生活在 1946 年至 2060 年。

加速文化的一代:X 世代的人将生活在 1961 年至 2079 年。

新千年的一代:千禧一代的人将生活在 1980 年至 2094 年。

---

① 《哈加达》(*Haggadah*) 是一种用来传述逾越节规定的犹太文本。

长胜思维

即时联系的一代：Z世代的人将生活在1995年至2109年。

想一想这四代人带来的重要影响。想一想在他们的一生发生了什么变化。想一想什么对他们来说很重要。你与他们每个人有什么样的关系？现在，你能想象接下来的四代人会是什么样子吗？他们会被称为什么？他们是做什么的？什么样的性格特征和目的定义了他们？他们有什么烦恼？你认为他们需要什么才能实现共同繁荣？

当你想象未来的时候，别总往坏处想。如果我们想到气候危机、核战争和饥饿游戏，我们的人际交往和共情的潜力都会在形成前被抑制。与此相反，让我们试着去感受子孙后代的快乐吧！他们的敬畏之心，他们的感激之情。如果我们真的这样想，我们就会对后代的需求有更多的了解。我们就会明白我们应该做什么，不应该做什么，从而赢得他们的尊重，得到他们的感谢。

让我们向前看，为未来的四代人命名。

_____的一代：这一代的人将生活在2010年至2129年

## 第三章　实践

_____的一代：这一代的人将生活在 2030 年至 2144 年。

_____的一代：这一代的人将生活在 2045 年至 2159 年。

_____的一代：这一代的人将生活在 2060 年至 2175 年。

从上面的列表中选择一个世代，描绘出你心中那个时代的后人。也许你想给他们起个名字。现在问自己以下问题：

你有什么话想要对后人说？

你希望他们在自己的生活中宣扬什么样的道德和价值观？

你的后人会如何看待你今天做出的决定？

你的内心正在做或需要做哪些努力，他们会因此而对你充满感激？

你希望他们留下什么或超越什么？

你有什么遗憾要分享？或者有什么鼓舞人心的话吗？

我对这一切进行了非常详细的说明，因为对未来的同理心需要一些练习才能习得。但我们的目标就像跨代共情的三个部分一样,是让它成为你潜意识里所默认的存在方式。过去、现在和未来一直与你同在。就像你是个超级英雄,你做的每一个决定,无论大小,都包含着三种不同的能力。现在想象一下你可以去往哪里。第四章,让我们立即出发。

# 第四章　创造

构建和创造未来的能力

即使是在想象中的未来——思维延伸到银河系之外,能想象到日常的太空旅行,可爱的太空动物,会说话的猿类,以及时间机器——人们也无法体会一个非欧洲血统的人在一百年后的生活。我们得脚踏实地,想想太空之外的未来。

——伊塔莎·L. 沃马克（Ytasha L. Womack）

## 第四章 创造

当我们展望未来的时候,通常会借用一种所谓"官方未来"的构想:一系列对于将要发生之事的共同假设(通常是大家默认的)。比如说,我们认为价格会随着供需关系的变化发生波动,孩子从小就要接受正规教育,政客们会亲吻婴儿并说些半真半假的话,而世界永远会有贫富之分。未来虽难以控制,但终究会那样运转。

一直以来,总有人替我们撰写"官方未来",而如果我们对自己足够坦诚,其实大多数人都乐意接受。我们都希望能够有明确的规则和指导方针来告诉我们如何在生活中取得成功:如果你是个好人,就会上天堂;如果你是个坏人,就会下地狱;如果你上了大学,就会有一份好工作;如果你没上大学,那就没有出路。历史学家、学者尼尔斯·吉尔曼写道:"面对完全未知的未来会让人在认知上筋疲力尽，人们希望自己的未来能有确定性，而'官方未来'恰恰能够提供这种确定性。"我们希望能有人在某地以某种方式制定游戏规则和攻略，这样我们就能名列前茅（而不至于名落孙山）。"官方未来"为我们提供了一种合理的表象，给予了我们目标，减轻了我们对于未来的焦虑。还记得第三章的内容吗？人类有能力展望未来。所以我们也想了解、预测和控制未来，尽管这似乎超出了我们的能力范畴。

虽然所有的文化当中都有各自不同版本的"官方未来"，但在西方，目前我们的"官方未来"叙事来源于启蒙运动、科学革命和工业革命。我们思考未来的方式完全基于逻辑至上、崇尚科学的理念，以及强烈的个人主义意识。我们今天所讲述的关于"官方未来"的故事是：逻辑与理性，以及我们能看到、能衡量的事物，是确保人类进步的重要因素。其核心是什么？相信人类（尤其是那些天才大脑）能够运用智慧和技术去预测和征服自然。工业巨头和世界领袖的任务是建设我们终有一天会栖居的世界（或为殖民这一世界做准备）。

关于"官方未来"的构想能够主导我们生活的方向。

## 第四章 创造

比如说,你所驾驶的汽车和行驶的道路都是基于 1939 年以"明日世界"为主题的世界博览会这样的活动而诞生的。在这一博览会上,通用和福特等汽车制造商都作为展商,进行了精彩的展览。他们所讲述的关于"官方未来"的故事是:汽车将把人们带到重要的地方。而最重要的是,汽车和道路是人类进程的"下一步"。这个故事引发了《联邦资助高速公路法案》的订立。基于这一法案,美国在 10 年内修建了 41000 英里的高速公路。"官方未来"的力量在于,它蕴藏着人们对未来世界的强烈愿景。这种愿景可以是乌托邦式的(比如"冷战"时期苏联在莫斯科地铁站贴满的宣传海报),也可以是反乌托邦式的(环保组织的募捐信中,北极熊在大海里游泳),或者介于两者(看看那些刊登了新时尚饮食广告的杂志)。现在科技发展已经远远超越了汽车,关于"官方未来"的构想也是如此。(如果地球资源枯竭了,不用担心,我们可以殖民火星!遇到了生存危机?有个应用程序可以解决这个问题!)但"官方未来"这个安慰剂存在一个问题:它可能会不起作用。尤其是在潮间期,当过去的规则失效时,它就不起作用了。

像我这样的未来学家普遍认为，原本人们心中公认的"官方未来"概念正在破裂。大多数人在仔细推敲我们目前关于技术的"官方未来"叙事时都会发现，它似乎无法让我们感到自由与快乐，也无法帮助我们克服生存威胁。青少年是科技产品的狂热消费者，但2007年以来，青少年自杀率却逐年上升。医生拥有越来越多的高科技工具来协助他们救死扶伤，但他们的职业倦怠率很高。海平面仍在上升，传染病越来越频繁，森林正在史无前例地大规模燃烧。科技甚至创造了一种生态系统，使人们能够操纵美国的政治制度。正如参议院2018年发布的一份报告所述："社交媒体已经从表达集体不满和协调公民参与的自然基础设施，变成了控制社会的计算工具，被精明的政治顾问操纵，民主国家和专政国家的政客均可利用。"

当我们发现技术并不总能拯救世界时，就会清楚地意识到，这种单一的"官方未来"的概念本身有多大的漏洞。虽然"官方未来"的存在把社会当中的一切都置于一个宏观的故事当中，给人们带了来慰藉。换句话说，在混乱中创造了秩序，但这并不是真实的。当"官方未来"开始破

## 第四章 创造

灭，究竟会发生什么？当"我们的故事"因其自身的逻辑不再合乎情理而土崩瓦解，又会发生什么？这些问题的解决方法就是长胜思维的第二个核心理念：以更具创造性和包容性的方式思考未来。

想想你生活和工作的文化背景及社会背景，你发现了哪些"官方未来"的故事或主题？你觉得哪些内容"理应如此"？这些期望从何而来？它们又会如何影响你对未来的预测？

长胜思维

## 灵活运用构建未来的能力

当我们谈论构建未来或未来思维时,常常用到很多高级的学术术语,比如预见、展望、前置事实、回溯和心理模拟。虽然运用的方法让人感觉有些理论化,但实际上,我们一直在实践构建未来,只是未必专门以此为目的。在社会心理学家罗伊·鲍迈斯特等人的一项研究中,参与者反馈自己对未来的思考是对过去思考的3倍,而且他们日常与当下有关的思考中接近三分之一会对未来产生影响。问题是,我们所思考的未来往往是不久的将来(短期主义):需要去取洗好的衣服,下周约了牙医看牙,或者需要申报税款。如果我们想要超越他人为我们制定的"官方未来",涉及未来的很多选择,我们必须练习为自己构建未来。这没那么难,甚至有的时候我们会自然而然地这样做。

举个例子,让我们想象一下,有一个姑娘叫尼耶莎,

## 第四章 创造

她刚刚接受了求婚。假设我们能看到她的内心活动：她打心底里非常高兴能和她的爱人一起生活。她能够想象到和伴侣一起创造的美好未来，他们会一起探险，会携手走过所有的生活转折，因此她答应了伴侣的求婚。一旦这对情侣宣布订婚，一些对于"官方未来"的期待就开始涌现了。她的母亲开始在阁楼里翻找她想让尼耶莎戴的传家宝面纱。伴侣的母亲暗示着结婚之后就该尽快生宝宝了。她亲爱的老父亲打电话给教区的牧师，询问教堂是否有档期，尽管尼耶莎和她的伴侣都不信教。而这仅仅是个开端。这对情侣甚至还没来得及仔细考虑如何完美地表达对彼此的爱，以及如何在朋友和家人面前许下承诺，他们就已经被"劫持"了。婚礼杂志、婚礼策划师、宴会承办人、糕点师、裁缝师、珠宝商、活动场所和拼趣①都聚集在一起来实现这场婚礼，最终将推动这个产业的发展。仅仅在美国，每年这一产业就能创造 500 亿至 800 亿美元的盈收。

尼耶莎已经受够了。她和未婚夫把手机调到静音，带着笔记本坐在公园的长椅上。他们分享自己过去参加婚礼的经历，谈笑着在电视或电影中看到的婚礼场景。两人列

---

① 拼趣（Pinterest）是一种图像共享和社交媒体服务。

出了一些对他们来说有意义的婚礼传统习俗，想把这些传统习俗延续下去。在商量婚礼日期时，他俩回想过去几年，记起野火季通常在干燥的夏末，于是打算将日期定在晚春。他们觉得户外婚礼更真实（对不起，爸爸！），而且他们不希望空气中充满烟尘。考虑到每年这个时候昼夜温差大，尼耶莎和她的未婚夫决定为客人们提供轻食，以防他们在招待会上需要经常起身取暖或降温。说到客人，尼耶莎突然想起，如果想在婚礼期间保持良好的氛围，她的叔叔特雷的座位就不应该安排在她前夫附近。

尼耶莎和她的伴侣对当天的情况进行了多次心理模拟，对他俩来说，那是多么激动人心的时刻。尼耶莎想象着她的未婚夫会是什么模样，他可能会哭着说出誓言，父母脸上会有什么样的表情，这个世界上她最爱的人在同一个地方同时出现会是什么感觉，以及有一天她给坐在腿上的曾孙讲述这是她爱情故事的开始，又会是什么样的感受。她的心中顿时充满了希望。

这些想法、情感和欲望的共同作用，推动尼耶莎和她的伴侣对他们的婚礼做出决定和妥协，以及拟定步骤来实现理想未来。他们克服了对"官方未来"的期待所带来的

第四章 创造

负担,共同创造了属于自己的婚礼,既能体现他们的爱情特点,又能为他们的爱情注入新的元素。在整个过程中,尽管我为尼耶莎捏了把冷汗,但她一直在实施未来思维和我们在第三章中谈到的跨代共情。我们都有这种能力,它一直存在,就像附在骨骼上的肌肉。我们只需要不时地活动活动筋骨、发挥这些技能。有时我们需要一些额外的耐力训练,这样我们就可以运用我们构建未来的技能,为那些坐在尼耶莎腿上的曾孙们谋福利。这就是我们利用智人的预测能力或未来思维的方法。我们可以将其应用于个人婚礼,也可以运用于个人生活,更可以运用于人类的繁荣发展。

长胜思维

## 长胜思维的第二个核心理念：
## 如何共同创造未来

未来思维需要有目的性。如果我们希望一万年后人类仍然存在，我们就需要团结起来，并且做出以下决定：

1）我们确实想在这里生存下去；
2）我们想要的世界是什么样的。

我指的并不仅仅是技术，还包括我们的内心和思想。如果我们不能以这种方式团结起来，恐怕一千年以后人类就将不复存在，更何况一万年以后。

我们总是思考自己不想要什么。我们对未来的描述往往是反乌托邦式的，比如《使女的故事》《1984》《美丽新世界》《终结者》等。我们接受这些预警，并关注如何防止

## 第四章　创造

它们发生。但是，我们很少谈论想要朝着什么样的方向前进。我们对前者更为熟悉：我们都有所谓的消极偏见——把注意力放在了坏事上，却对好事轻描淡写。我们常常基于这些消极的看法来做决定。而后者——思考未来的可能性——感觉很大胆，就像我们冒险偏离了"官方未来"这条铁路，进入狂野的西部。

这种给未来赋予目的性和能动性的过程可能令人生畏，但也带来了充分的自由。一旦你意识到"官方未来"是带引号的，你就会意识到一切皆有可能。在潮间期过后，我们的生活有无数种可能性。不仅如此，没有人能独自创造未来。无论有没有做出行动，人们都在为之努力。随着明天的到来，我们都生活在过去和当下，并做出反应。潮间期混沌本质的美妙之处在于，我们现在所做的一切对今后都会产生指数级的影响。我就不赘述这句话背后的混沌和复杂的理论了，简单总结一下，也就是"小的行动也能带来大的影响"（我最喜欢这句话的缩写——SAGE[①]）。

---

[①] "小的行动也能带来大的影响"在英文中为"small actions can lead to great effects"，取关键词的首字母可以缩写为 SAGE，意为"智者、圣人"。

长胜思维

我们的未来并不是预制的,而是开放、动态,且不断涌现的。

问题是,我们如何发挥民主作用,参与到未来当中,从而防止任一实体、行业,甚至宗教主宰我们的"未来"呢?如何助力建构未来,使未来包罗万象、不断改善,而我们都参与其中呢?长胜思维的答案是,采用"未来"这个词的复数形式,而不是其单数形式。[①] 前进的道路并非预设,我们有很多条道路可以选择,并且每一条道路都在不断地与下一条混合、匹配、再创造。并不存在所谓的"官方未来",真正存在的是新兴的、参与性的未来。如果"官方未来"是正式且有固定谱子的管弦乐编配,那么"参与性未来"就是你所听过的最棒的爵士乐集。系统各部分之间的相互作用和过程本身使其妙不可言。

我并不是第一个提出我们并不需要遵循"官方未来"的未来学家。实际上,这可以说是我们的职业名片。一位名叫约瑟夫·沃罗思的未来学家为此绘制了一幅很棒的图

---

① 在英文中,未来一词为"future",有单复数之分,使用复数形式意味着未来的多种可能。

## 第四章 创造

像——"沃罗思锥"[1]也被称为"未来锥",我将其做了一些修改并应用于长胜思维实验室。

沃罗思锥显示了我们当下所做的事情和"官方未来"之间或多或少会有某种直接关联。我们可以从文明的角度来看待沃罗思锥,但现在让我们从个体开始阐述。让我们聚焦到一个人身上,他叫蒂姆。

蒂姆在"红州"[2]堪萨斯州拉塞尔市的一个保守的社区中长大。他和家人及社区所认同的"官方未来"是,他将娶一个好女孩,有一份稳定的工作,生几个孩子,投票给共和党,定期去教堂,照顾他的父母,最终像他家里的大多数男性一样死于心脏病。

现在,如果我们从有限的"官方未来"拓展到一个更开放的圆锥,看看蒂姆的某一合理的未来,会是什么样的

---

[1] 沃罗思锥,即未来锐,采用锥形图的形式对未来进行可视化表达,以当下的时间为锥形的尖端,从当下开始向外延伸各种未来轨迹。随着时间的推移,锥体逐渐变宽,也代表着未来的不确定性增加,未来的可能性越发多样。

[2] 红州与蓝州是指美国近年来选举得票数分布的倾向,表示的是共和党和民主党在各州的势力。红色代表美国共和党,蓝色代表美国民主党。堪萨斯州位于美国中部,属于传统红州,支持共和党。

呢？蒂姆并不满足于现状，虽然他不知道自己想要什么，但他知道自己想离开拉塞尔市。那么，如何做到呢？他的目标是成为一名纳斯卡赛车手。在他的世界里，这项运动非常流行。只要成为一名赛车手，他就能旅行、赚钱，拥有多姿多彩的生活。

让我们把圆锥再打开一点，来看看蒂姆未来的可能性。如果他真的打破束缚，会有什么样的未来呢？蒂姆喜欢烹饪，而且相当擅长烹饪。因此，可能他离开拉塞尔市的契机并非纳斯卡车赛（他实际上并不喜欢这项运动），而是烹饪学校，或者医学院，甚至可能是音乐。当然，他的未来可能存在着一些限制，因为他所生活的世界正在面临着彻头彻尾的变化——在社会层面，未来学家称之为大趋势。例如蒂姆不太可能创办一家报社，因为数字化的大趋势意味着再创办一家纸媒可能根本无法持续。（关于长胜思维大趋势的更多介绍详见第 183 页）

现在，即使蒂姆挑战了极限去想象未来的可能性，他所做的还远远不够。虽然蒂姆可能会成为一名厨师，但是，他还没有真正审视过这种未来。比起开车，他更喜欢烹饪，但这是他真正想做的事吗？哪件事与他最根深蒂固的价值

## 第四章 创造

观一致呢？是什么让他的人生（包括工作和闲暇）变得有意义？是的，这些问题听起来有些老套，但是究竟哪些事能让他笑逐颜开呢？他希望后人如何看待他的一生？如果想要创造经得起审视的理想未来，不仅要展望未来，还要回顾过去，并分析最初促使他得出结论的原因。这需要把沃罗思锥和下文将提及的莫比乌斯链①结合起来。新学院②的教授、设计研究员埃利奥特·蒙哥马利重塑了沃罗思锥的概念，将过去涵盖其中。

当蒂姆仔细审视是什么造就了自己，使自己成为堪萨斯州拉塞尔市的一名年轻人，成为家族的第四代蒂莫西时，他就能够看到自己实际上对于置身于这个世界拥有多少假设。他会看到自己如何毫不质疑地接受了某种"官方未来"，而且他会发现自己的祖先也是如此。他会明白为何自己以现在这样的方式思考未来——媒体、教会、老师和父母让他认为自己需要成为基督徒、异性恋，并且成为日

---

① 莫比乌斯链（Mobius strip）指的是把一条纸条扭转180度后，两头再粘接起来做成的纸带圈。这样的纸带只有一个面，一只小虫可以顺着一个方向爬遍整条纸带再回到出发点。莫比乌斯链意味着循环往复。

② 新学院是一所位于纽约市的美国高等教育机构。

后家庭的主要经济来源。这样一来，他就能分辨出自己真正想要的东西。他会发现自己想要待在户外，沉浸在大自然里，和家人在落基山脉度假的时候就是他最快乐的时光。他想象着从山上滑下来，风吹拂着他的脸。在帮助他人时，他总是有一种强烈的使命感，所以他想教滑雪，甚至是教那些身体受到某种限制的人，比如说在战争中受伤而截肢的人，或者残疾儿童。或许他能帮助那些从未想过自己能够体验飞翔的自由的人学习滑雪呢？或许他能以个人微小的努力帮助他们像他一样开拓思维，认识到一切皆有可能呢？

某种程度上，我们都和蒂姆一样，在与所谓官方、合理且可能的未来斗争。在约翰·雷恩所著的《自愿简单》一书中，他讲述了这么一个寓言：

一位实业家看到一名渔夫躺在船边还抽着烟斗，很是震惊。

"你为什么不去捕鱼呢？"实业家问。

"因为我今天已经捕到了足够的鱼。"

"那你为什么不多捕一些？"

## 第四章 创造

"捕那么多鱼做什么?"

"赚更多的钱。然后你就可以给船装个发动机,可以到更深的水域捕更多的鱼。这样你就有更多的钱去买尼龙网,捕更多的鱼,赚更多的钱。很快你就会有足够的钱买两艘船,甚至一支船队,到那时你就会像我一样富有了。"

"到那时我要做什么呢?"

"那时,你就可以坐下来享受生活了。"

"你觉得我现在在做什么呢?"

和世界上无数个"蒂姆"一样,这位实业家正在沿着通往"官方未来"的道路前进,却没有仔细思考自己最初要朝这条道路前行的初心。这位实业家的情况可以找到科学依据——享乐适应,即享乐跑步机。享乐适应表明,无论人们购买到什么或取得了什么成就,都会反复回到幸福的基线水平。这意味着实业家为了提升幸福感而不断获取更多。而当这种感觉慢慢消退,他还想要更多。因此,他更加努力地工作以获得幸福感,在生活的跑步机上原地踏步,没有真正审视是什么让他走到这一步,以及他将去往何方。如果他能看到自身所处之外的世界,他可能会注意到自己其实是在原地踏步,他甚至可能会决定完全停止工作,把精力用在其他地方。

我们大家也开始审视享乐跑步机这一现象。有60%的美国大学生表示自己因过于焦虑而无法享受当下的生活。在这样的环境下,耶鲁大学教授劳里·桑托斯开设了一门关于幸福的课程,这是迄今为止该校在其300年历史中最受欢迎的课程。根据美好生活的方程式,耶鲁大学的孩子们将会获胜。他们的这一"官方未来"预示着人们或许都得准备好迎接一个全新的方程式了。毕竟,谁想要一个承受着如此大的压力和焦虑的未来呢?谁想过一种无法忍受的生活呢?

花几秒钟时间,为自己思考沃罗思锥的问题。你认为你的"官方未来"是什么?是什么原因和条件导致了这种可能的结果?现在吸一口气,深吸一口气。稍稍摇摆你的肩膀,放松一下下巴,把舌头从上颚移开。拓展你的思维,想想一些合理的未来。这对你来说可能有些牵强,但通常你能在合理的未来中看到自己。你的脑海中是否浮现了某个图像或某些记忆?你可以用你的感官描述即将发生的事情吗?或许你可以花点时间做些笔记。在这一刻,

## 第四章 创造

你可能会注意到,你的大脑正在试图转移你的注意力,或者你可能会听到一些质疑或消极的自我对话。试试是否能忽视反对的声音,让思绪飘得更远。你们当中的一些人可能会发现,这是自己能做到的极限(已经很好了)。如果你愿意多玩一会儿,请你打开你的想象力,引发自己的一些想法或感觉,可能你会觉得这完全是幻想,但仍然是你可能的未来。如果你觉得很有趣,完全可以天马行空。试着放松你的眼睛,让嘴角微微上扬,仿佛在微笑一般。看看你是否能进入一些可能的未来,使你感到温暖、被接受、兴奋或好奇。在这些可能的未来中会出现什么?你的沃罗思锥伸展的范围有多宽?突破可能性的界限感觉如何?

长胜思维

## 经过审视的理想未来

苏格拉底曾说:"未经审视的人生不值得过。"对此,我想谦卑地补充道:未经审视的未来不值得为之奋斗。

或许作为一个未来学家,我最大的目标(除了促使人们想得比自己的生命更长远以外)是让他们对自己的理想未来进行压力测试,看看真正的出发点是什么。他们是否在思考"参与式未来",而不仅仅是"官方未来"呢?他们是在思考一种自己已经充分审视过的理想未来,还是一种在生活中无意间内化的未来?我们可以把这些问题应用到个人层面、行业层面、社会层面和文明层面。

在个人层面上,我想谈一谈注意缺陷多动障碍(多动症)。在短短 20 年内,多动症确诊率急剧上升,从 6.1% 上升至 10.2%。人们研制了大量药物来进行治疗。现在,对于一位名叫凯伦的未经治疗的多动症孩子来说,他的"官

## 第四章 创造

方未来"就是会生活得比较艰辛。他的成绩会受到影响，自尊心也会受到影响。凯伦理想中的未来是自己会在学校和生活中都非常成功，因此他开始服用治疗多动症的药，希望这样能使自己更接近理想的未来。

然而，这种理想未来未经审视。为了进行审视，我们需要更深入地回顾过去和展望未来。虽然凯伦有多动症，但他的父亲也有多动症，祖母也有多动症。在他们那时，多动症并没有被诊断出来，并不会对生活造成什么影响。他的祖母八年级以后就不上学了，而他的父亲有足够多释放能量的出口，使得老师们给了他足够好的成绩。多动症对于凯伦来说可能也不是什么问题，只是对他的期望与60年前对祖母的期望或是30年前对父亲的期望完全不同。如果他想取得好成绩，具备竞争力，考上大学，从而找到一份每天都要在桌前坐8个小时的工作，他得每天坐在桌前6个小时，而且晚上还要做2个小时的作业。与祖母和父亲相比，凯伦也更容易得到治疗。专家们很了解并且能准确地解释神经系统的差异，而且能开药来解决问题。

现在，我们需要展望一下未来。凯伦的孩子和孙辈将会面临什么样的情况呢？他们可以采用更多的手段使自己趋于最佳状态——基因增强，学习和行为异常的快速测试——使他们无限接近最佳状态。那么最佳状态就是终极目标吗？谁决定了什么是最佳状态？在经过审视的理想未来中，每个人都是神经典型者①吗？抑或是在这种未来中，人类群体是神经多样化的，人们的大脑不必以某种特定的方式运行就可以过上幸福且富足的生活吗？在这样的未来中，成功是什么样子的？我们是否遵循了一个由既得利益者撰写的"官方未来"，为了他们……或者我们的利益将我们束缚在这种叙事中？

同样，对于"最美好的未来是什么样的"这个问题，我们可能会争论不休，但我们需要思考这个问题。凯伦可能会因为所处的环境对他有所期望而开始服药，但也会努力尽快离开这样的环境，然后再尝试改变。明年，他就可能会在另一个地方，面临完全不同的问题。《塔木德》传统认为人们应当常常质疑——质疑应当永无止境。这样一来，总会得到更好的解决方法。经过审视的理想未来是个过程，而非既定的终点。

---

① 神经典型者（neurotypical）指的是没有被诊断为自闭症或任何其他智力或发育差异的人。

## 第四章 创造

让我们把这个概念应用于某个行业,而不是某个人在世界上生存的方式。

假设我们就像是墙上的苍蝇,正在偷偷观察一家汽车公司,公司的"官方未来"是业务不断发展,利润不断增加。高管们自然会把注意力放在制造能够满足人们需求的新型汽车之上。公司对电气化持开放态度,并且很愿意参与到降低碳排放这一新兴前沿领域。他们正在解决的问题是:为了满足消费者的需求,如何才能确保电动汽车充一次电就能行驶644千米。

对电动汽车的愿景是一种理想未来:能够降低碳排放。但这并不是一种经过审视的理想未来。我们究竟是想要更节能的汽车,还是想要更高效的出行方式?在为建设用于电动汽车的基础设施投入无数时间和金钱之前,这家公司是否考虑过起初人们为何需要汽车?一种经过审视的理想未来促使欧洲推广"15分钟城市"——居民日常需要去的地方都能步行或骑自行车抵达,比如学校、医院、杂货店或是工作地点。社会依然有出行需求,而这家公司可以在满足这些需求方面发挥重要作用。但他们需要跳出思维定式,不再受限于由公司利益驱动的未来框架,而是将自己完全视为经过审视的理想未来的一部分,这种未来更具有包容性,涉及更广泛的社会范畴。

一些肩负重任的组织需要解决世界上最严重的问题,例如饥饿、贫困或难民的困境。对它们来说,同样的想法也适用,但会更加复杂。虽然汽车公司总是有其目标,但是对于一个致力于消除饥饿问题的非营利组织来说,理想未来在逻辑上应该是该非政府组织根本无须存在。然而,多年以来我所了解的这么多非营利组织都无法做到这一点。它们忙于应对迫在眉睫的危机(这情有可原),但也令人沮丧。当我建议,除了给伤口止血,他们应该想办法根治疾病,建立流程使自己无须存在,可他们却奋力描绘了另一种未来。他们的"官方未来"是非常反乌托邦的:永远会有饥饿、贫穷、难民,而且情况会越来越糟。我的观点则是:没错,可能需要几十年的时间才能有所改变,但是我们必须从建立一个经过审视的理想未来出发,否则我们注定无法抵达理想未来。这就像史蒂夫·乔布斯等人所倡导的"逆向工作法"。通过这种方法,公司开发新品会从假想未来某天产品问世的发布会开始。他们以愿景为起点,围绕着取悦客户这一目标,逆向工作以实现这一目标。如果

## 第四章 创造

这些非政府组织的目标不在于创造一个不需要它们的世界，它们怎么可能做好自己的工作呢？当到了不再需要它们的那一天，它们所假想的发布会又是什么样的？理想的未来究竟是什么样的？

让我们回过头来看看上一个练习中的沃罗思锥。你的"官方未来"是什么样的？你的经过审视的理想未来是什么样的？你能将它置于一个集体审视的语境当中吗？换句话说，如果你把自己的理想未来放置于由其他人的理想未来所组成的相互关联的网络中心，那么，在这个世界上，需要什么才能实现这些理想未来？世界会是什么样的？对于社会来说，你的未来世界的世博会是什么样的？

好啦，现在我们把未来这个概念从个人层面和实业层面延伸到文明层面。想象一下，如果地球上的80亿人可以作为智人聚到一起，究竟会发生什么？我们的"官方未来"或许会像所有非政府组织所认为的那样：人人为己的反乌托邦式的混乱局面。理想未来或许会是一种权利合理分配、社会公正，并且贫富差距小到可以忽略不计的未来。

在经过审视的理想未来当中，权力的模样与现在截然不同。或许我们可以想象这样的环境，每个人都能最大限度地发挥自己的才能，为下一代创造更美好的世界，同时还能保持快乐和资源充足。物质上的成功很可能是这个经过审视的理想未来的一部分，但并不是为了制造商和营销商服务，而是为了确保每个人都能蓬勃发展。人们有广泛的能动性，能够尽可能地活出最好的自己。技术很可能也是这个经过审视的理想未来的一部分，但并非严格为其股东服务，而是为所有人服务。也许这是一个我们每天都能在精神和心理上取得进步的世界。也许这是一个我们继续质疑未来的世界，我们不仅为了制造出运算速度更快的计算机而奋斗，也为了更宽阔的心胸和更敏锐的头脑而奋斗。

关键是，我们有一个终极目标，或者用希腊语当中的古老术语来说，就是"a telos"，即终极目标——一个关于存在的最基本的问题："目的何在？"

第四章　创造

# 我们的伊萨卡

在《奥德赛》中,奥德修斯花了10年的时间打仗,然后又花了10年的时间寻找回家的路。他的终极目标很明确:他的心中一直挂念着伊萨卡和他的爱人珀涅罗珀。不管风吹向哪个方向,他总是知道要去往哪里。精神病学家、大屠杀幸存者维克多·弗兰克尔在《活出生命的意义》一书中写道,在纳粹集中营里,"那些知道自己的生命中还有某项使命有待完成的人最有可能活下来"。他也有自己的终极目标:他撰写的一份即将出版的手稿被没收了,他想重新写一份。当他在监禁期间患斑疹伤寒时,他写下笔记来作为重写的基础。他写道,"我确信,在巴伐利亚集中营的黑暗营房里,为了重写丢失的手稿,我撑过了心血管衰竭"。

现在,想象一下文明层面的终极目标。我们在为什么而努力？基督再临？弥赛亚[①]？人类和机器合二为一的奇点[②]？还是别的什么？我们何时何地能在全球范围内进行这样的对话？

　　长胜思维的第二个核心理念涵盖了终极目标这一概念，因为它代表着我们努力的目的（即使在不断演变），它是我们行动的原因。我们知道自己想要抵达理想的未来，也明白自己必须不断审视这些理想未来。但是，我们该用什么来检验这些经过审视的未来呢？就像奥德修斯一样，我们也需要伊萨卡。有人说我们已经错失了伊萨卡，但我并不确定我们起初心中有一处伊萨卡。即使如此，我们需要伊萨卡，这样无论世界带给我们什么样的际遇，我们都能坚守目标。这就是终极目标。这是高于生活中所有趋势和大趋势的目标。

　　在此，我要大胆地假设本书所有读者都有一个共同的终极目标，假设人们都希望能够发展成更优质的人类——

---

① 弥赛亚（The Messiah），古犹太语，希伯来文"救世主"的意思。
② 奇点（singularity）是一个假设的时间点。在该时间点上，技术的增长变得不可控和不可逆转，从而导致人类文明发生无法预见的变化。

## 第四章 创造

一种比 50 多万年前的先人和现在的我们更优质的智人物种，能拥有特蕾莎修女的同情心，爱因斯坦的智慧，以及每年两百万义工身上所展现的协作精神。你可能会希望有这样一个世界，在那里我们仍然是人类（而不是一群人工智能辅助的半机械人），只是变得更优质了，这样我们就可以消除不必要的痛苦和代际创伤。你可能会期待这样一个世界，我们能在个人和社会层面最大限度地发挥人类的潜力，从而为子孙后代维护好地球家园，使其健康且充满生机。

讲到这里，人们通常会感到困惑。这一切都很棒，但阿里，我们究竟该如何前往呢？终极目标与其说是一个地方，倒不如说是一条地平线。因此在某种神奇的乌托邦意义上，你其实永远无法抵达。借用彼得·布洛克[①]的一句话，"去做就是了"。你只要用心去做就可以了。终极目标是一种机制，是指南针指向的真北极，使你调整自己的行动和决策从而实现自己的最终目标。你只需要问自己："这与我的终极目标一致吗？"并根据答案来调整自己的路线。

---

① 取自彼得·布洛克（Reter Block）的书《去做就是了》（*The Answer to How Is Yes*）。

当我们在董事会中使用终极目标这个概念时，就诞生了像 Rebbl 这样的食品和饮料公司，像普拉亚维瓦（Playa Viva）这样的旅游公司和像杰克罗（Jackalo）这样的服装公司。Rebbl 致力于终结人口贩卖并改善幸存者的生活；普拉亚维瓦公司创建了一个有机农业系统，不仅使度假村受益，也使周边地区受益；杰克罗公司则把孩子们长大穿不下的杰克罗旧衣服回购，然后翻新、转售或再利用。

想想你所面临的危机，或者仅仅是个棘手的问题，可以是工作上的难题或者是需要处理的家庭问题。当你寻求解决方案时，如果同时从两种视角考虑该怎么做？你能否找到某种解决方法可以立即纾解问题，或是某种解决方法能为未来埋下一颗角豆树的种子呢？能否找到一种两全其美的解决方法呢？如果你在解决所有重大问题时都采用了这样的视角会怎么样呢？

早在第一章中，当我收到鲁比的西班牙语作业提醒的时候，我就通过对终极目标的思考来摆脱自己对鲁比未来的担忧，这种担忧是由短期主义和同伴压力所引发的。我不仅知道自己不想要什么——和女儿吵架会不可避免地把我们推向不同的角落，我也知道自己想要什么。我希望能

## 第四章 创造

有一个世界,在那里成绩是次要的,我们的孩子都知道自己不会被成绩定义,而帮助他人却能决定他们是谁。当米歇尔在建造运动跑道时考虑了终极目标,她想要的就不仅仅是体育设施能经久耐用,而是在这个世界里,"经久耐用"成为默认的思维方式,而不仅仅是个愿望。而且,对工作成果的评估至少会考虑到带来的社会和环境影响。如果有人在几百年后遇到和她相同的处境,她希望这个人能自发地考虑到后代,而不仅仅是短期成本。

这些例子都有一个共同点,那就是对集体繁荣的目的论愿景。繁荣不是静止的状态,不是乌托邦式的愿景,也不是宝贵的理想。它不是托尔金小说中咕噜[①]抚摸着魔戒。集体繁荣是一个持续福祉的目标,给所有人和生态赋予公平、善良、增长、创造、联系、意义、复原力和活力。听起来很抽象,但其实并非如此。我们可以在阿姆斯特丹郊外的小村庄霍格威的案例中感受到集体繁荣。

霍格威看起来就像我们印象当中小村庄的样子,有很多房屋,有家杂货店,有个公园,有家餐馆,而且有个酒吧。村里还有街道、小巷和公共长椅。而实际上,这是一

---

① 咕噜(Gollum)是托尔金的小说《魔戒》当中的人物。

家为阿尔茨海默病和痴呆病患者提供服务的疗养院。霍格威的联合创始人伊冯·范·阿姆荣根说,当她和同事们发现为阿尔茨海默病患者所建的疗养院和"现实生活"相去甚远时,他们就启动了这个项目。那些疗养院和医院一样,几十个人住在一个封闭的病房里。住户们无法接触到自己熟悉的生活,这种环境对于他们混乱的心智来说无异于火上浇油。因此伊冯和其他联合创始人突破了"官方未来",以图创造某种可能的经过审视的理想未来。霍格威就这样诞生了。

"每个人都希望生活有乐趣也有意义,"伊冯说,"我们想走出家门去购物,去见见其他人。社交很重要,意味着你是社会的一部分,你属于这个社会。这是人们的需求,即使你是个晚期痴呆病患者,也需要社交。"伊冯和同事们想到了一种集体繁荣的形式,一个以尊严和人性为中心的地方,居民可以在"正常"的环境中相互交流,与身边的工作人员和志愿者交流,并且费用并不高于传统养老院。"这是因为换了个角度思考。"伊冯说,"看看你面前的人,看看这个人现在需要什么?这关系到一个微笑,关系到不同的思维,关系到你的行为方式,而这不需要任何成本。"

## 第四章 创造

让我们用长时间的温柔凝视开始这个集体繁荣的练习。想象一下,当你闲来无事,毫无压力,坐看日出日落,你会开始做同样的一种白日梦。也许,在你眼角的余光中,你注意到远处的地平线出现了轻微的弯曲,提醒着你,你正在这里——在地球上——在太空中旋转遨游。从事物的宏观视角来看,你遇到的问题和心中的忧虑都显得那么微不足道。你能在这里,成为大自然的一部分,看着远处的地平线,在你之前有数百万人看过,在你之后也会有数百万人看到,真是个奇迹呀!这一刻相当平静,逍遥自在。每天日升日落,不会受到你的影响。你会看到鸟儿和昆虫在空中飞舞,风吹过草地、扬起风沙。或者你也会看到晾在外面的衣服。你问自己:什么能带给我平静?什么能带给我快乐?什么能让我有归属感?什么能让我有安全感?什么能让我感到被爱?

也许周遭会有其他声响。会有动物的叫声和车来车往的背景声。试试看能否聚焦于一个人或生物。悄悄地问问他刚才你问自己的那些问题:什么能带给你平静?什么能带给你快乐?什么能让你有归属感?什么能让你有安全感?什么能让你感到被爱?如果恰当的话,你也可以站起来大声地问另一个人这些问题。

无论答案是否真实，你的回答和他们的回答是否有重合之处？是否有差异？是否冲突呢？你能想象到大家的回答可以共存的世界吗？是否需要作出和解或创造性的妥协？你若有空，也可以尝试应用跨代共情，并向理论上遥远未来会存在的人提出同样的问题。

到目前为止，长胜思维已经涉及了大量的思考、情绪感知，以及心态转变。但我们也需要采取行动来推动自己朝着自身对未来的愿景前进。我们不可能只凭思考和感觉就能到达应许之地。我们必须上路，启程。这似乎是一段永无止境的旅程。因此，为了获得一些灵感和智慧，来告诉我们如何做到，又从哪儿开始，我想讲一个故事，关于一位杰出的工程师和一小块金属的故事。

第四章 创造

# 叫我小舵板吧

在第二次世界大战期间,美国海军委托发明家和未来学家巴克明斯特·富勒(曾是我母亲的老师)解决了一个问题。船只越来越大,也越来越难以转向。战争需要大型船只,但也需要船只有很强的机动性。因此,富勒发明了小舵板——一种15厘米宽的金属条,用铰链固定在船舵的后缘。利用纵倾角而产生的水流压力差,这块小小的金属提供了转动船舵所需的动力,从而使一艘巨大的船只转向。富勒后来用"小舵板"来比喻人类的潜力:如果我们愿意逆流而上,一个小小的变化就可以扭转大局。事实上,他的墓碑上就写着"叫我小舵板吧"。

从某种程度上说,当前的人类经历可以比喻成一艘战舰,似乎太过庞大而无法转向——我们正在全速驶"向官方(灾难性的)未来"。但是,如果我们发觉我们应该改变方向，如果我们能拥有抵抗阻碍的力量，我们就能转动这艘战舰——即使凭借个人的力量。现在，让我们想象有很多小舵板——每个人都在时刻发挥"小舵板"的作用——这将如何影响当下和未来？突然间，心中充满了希望。

"小舵板"的存在意味着小举动也可以产生大影响。你现在为自己的生活，以及所处的组织和社会所做的事可能会产生更为广泛的影响。找到"小舵板"，并在心中谨记经过审视的理想未来，能使你（以及我们所有人）更接近自己想要生活的世界，这个世界与终极目标相一致，并且繁荣兴旺。试着不要仅仅局限于购买一些肉类替代品，买旧衣服穿，或者在农贸市场购物这样的方式，这些都是很不错的"小舵板"，千万不要误解我的意思。但我们太习惯于思考我们作为消费者的力量以及我们与市场的互动，以至于我们没有想到伊冯在介绍霍格威时所说的：我们与他人互动的力量。这些互动可以是温柔的，比如在老人过马路时伸手搀扶，也可以是激烈的，比如坚决反对权力滥用。"小舵板"并不是一种绕过真相、和解和转变的方法，而是立即开始创造更美好的未来自我、社区、组织或社会的方

## 第四章 创造

法。这样一来，更广泛的系统性变化就会随之出现。我们调整了源代码的一小部分，使我们的默认行为算法能够更好地全面运作。

我想给大家讲一个简单的"小舵板"案例。我很擅长同时做数件事。不过，我知道同时处理多项任务——尤其是涉及技术的时候——会影响我与他人的联系。当我遥想未来，我想确保我们仍然能够感受，仍然能够表达，仍然能够分享，仍然能够做所有使我们保有人性的事情。我的一个"小舵板"是尽可能多地看着别人的眼睛，微笑，并分享一个有意义的时刻，哪怕只是在大楼安检处扫描身份证时的那一秒。我知道这会产生连锁反应，尽管我们可能不会直接或立即感受到这种影响。这是一种当下的行动方式，能够确保我们在未来保有人性。这是在创造我希望生活的世界，也是我希望子孙后代生活的世界。

你可能已经采用了很多"小舵板"，只是不这样称呼它们。其中的一些涉及消费层面，比如你在哪家商店买东西，买了什么。有些"小舵板"可能是像每天早上给孩子一个拥抱这样的事。有些"小舵板"则可能完全是内在的，比如和你脑海中那些消极的声音对话。但是，当我们采用了

"小舵板",当我们逆流而上,我们就离把船转向我们想要的未来更近了一步。

回想一下我们在前面的练习中提出的关于个人和集体繁荣的问题。现在,你可以采用哪些可控的"小舵板"来帮助你实现内在转变从而走向繁荣的未来?又有哪些"小舵板"能帮助你实现在人际关系、工作、文化或环境中的外在转变呢?这些"小舵板"能带来你所希望的那种繁荣的状态和感觉吗?如果你的"小舵板"涉及某种行为变化,你打算如何对你自己(或你的家庭、团队和组织)负责,直至形成这种新的习惯?

我对未来非常乐观。我的家人最喜欢做的事情之一就是观看 SpaceX[①] 的发射,因为这使我们对人类所能做到的一切充满敬畏之心(或许我的家人只是在纵容我)。我们智人有能力完成一些不可思议的壮举。如果你从历史的角度思考这个问题,从哥白尼时代,当我们第一次认识到地球围绕太阳旋转,到我坐在沙发上看火箭发射,并没有经过很长的时间。我们是一个神奇的物种,所以我们需要利用我们的惊奇之处,并以正确的方式引导它。我们可以利用

---

① SpaceX 指太空探索技术公司。

第四章 创造

这次潮间期来抵制我们的短期冲动，综合考虑遥远的过去和美好的未来，想象并走向一个集体繁荣的未来。但是，仅凭顽强的个人主义或个人智慧，我们是不可能实现这一目标的。我们需要共同努力。要做到这一点，我们需要找到同伴。

# 第五章　繁荣

愿景、对话、引导和存在方式

当我们了解并敬畏生命的整体性，就能保持警觉和镇定。我们明白不存在个人救赎，因而携手寻找能让世界自愈的方法。

——乔安娜·梅西（Joanna Macy）

## 第五章 繁荣

试想有条陡峭的峡谷将一片宜居的土地一分为二。有个人想要穿过这条峡谷。人们权衡利弊，最终装上了一根简易的扁带，这样就可以从扁带上小心翼翼地走过去。随着时间的推移，还有其他人也想要穿过峡谷。于是，他们一起搭了一座绳桥。这座绳桥足够坚固，但经常需要修缮。后来，坐落在峡谷旁的村庄开会决定筹资建造一座吊桥，可以供几代人使用，而每代人都要进行维护。这座吊桥能够促进贸易，提供更好的健康保障，并且加强人与人之间的联系。虽然个体能够表达需求和愿景，但我们需要共同协作才能使解决方案惠及大众。换句话说，如果世界上的每个人都采用长胜思维这种思维模式，我们就会向着理想的未来前进。但是，如果想要抵达顶峰，期冀世界成为我们理想中的模样，我们就需要携手共进。

长胜思维

"如果你想走得快,你就一个人走;如果你想走得远,你就和人一起走。"这句话显然极富智慧,但我们工作、思考和行动的方式却往往与之背道而驰。我们生活在一种重视个体和个人努力,而非团队合作的文化当中,尤其是在美国。具有讽刺意味的是,美国的座右铭恰恰是"合众为一"①。不妨看看书店的书架,就会发现大量关于跳出思维惯式、爱自己、鞭策自己、了解自己的励志书籍。在这方面我也做得不够好,因为到目前为止,本书关于长胜思维的大部分内容都是关于自身的内部思维过程和外部行动。然而,我们需要拥有一种比个人主义更广阔的视野。个人目标必须嵌套在更宏观的人类整体的发展轨迹中,正如我在第三章中介绍的项目。

与其把我们的努力想象成一块块堆叠成小屋的林肯积木②,不如想象成短程线穹顶③。这种结构把压力均匀地分布

---

① "合众为一"(Out of many, one),意为团结统一,是美国国徽上的格言之一。
② 林肯积木(Lincoln Logs)是一种积木品牌,益智玩具。由长短不一的木棒组成,木棒上有凹口,可堆叠成小木屋。
③ 短程线穹顶(geodesic dome)是一种坚固而轻巧的网格结构,由美国建筑师和思想家巴克敏斯特·富勒发明。

## 第五章 繁荣

在三角形格子上，压力被共同承担了，牵一发而动全身。正是由于这种关系张力，短程线设计极为坚固。如果你想在环境相当恶劣且瞬息万变的珠穆朗玛峰上露营，可能就会需要用上一顶采用了短程线设计的帐篷。如果你想引导潮间期的变化并影响全人类，那么最好能够学会如何处身，从而使自己在动荡时期既能提供支持也能获得支持。

这正是我们人类当下所需：学习如何依靠我们的关系张力及相互依赖，使我们更强大，更具韧性、适应能力和创造力。这在权力共享时最易实现，那时人们平等互惠。人类、思想和文化相互碰撞（在人类世界中），容许第三空间和路径的开放，从而诞生一些新奇事物。如果没有关系张力，这世上就不会有可颂甜甜圈——融合了可颂和甜甜圈的美味食物。如果没有关系张力，或许也不会出现轰动一时的作品——林-曼努尔·米兰达创作的音乐剧《汉密尔顿》。理论上来说，创作一部关于美国首任财政部长的百老汇音乐剧毫无意义，更何况一部嘻哈音乐剧了。然而，嘻哈、历史和传统音乐剧交汇成了一种新的模式。这场看似不可能的表演引起了轰动，激励了新一代艺术家，激发

长胜思维

了一种全新的行业模式。

在第二章里,我们谈到了神经可塑性。这一发现验证了大脑能够在人的一生中不断成长并建立新的联系。而本章所讨论的是社会层面的可塑性,也就是通过改变我们彼此的互动而充分发挥我们的合作能力和关系张力。我们将要探讨的并非一股脑儿地彻底改变人们的存在方式,而是进行数次微小的调整,那样在一天结束之时,或者说,千年以后,日积月累终将焕然一新。

我们有能力崛起,共同构建文明社会,也有能力设想未来的多种可能。这些可能的未来正在显露,由人们共同创造,并且与未来数千年的繁荣计划相一致。这并不是我们遇上的第一个潮间期,但这是第一个历经了全球化和技术所带来的深刻改变的潮间期。在这个超联结[①]的世界里,这是第一个我们能够有知识、有能力、有条件,以非剥削的方式想象未来的潮间期。然而,我们也通过人工智能、核战争、气候变化,以及一些其他的生存威胁,播下了人类毁灭的种子。这就是我们所面临的潮间期

---

① 超联结(hyper-connected)指的是网络时代人们通过社交网络即时互联的状态。

## 第五章　繁荣

令人振奋又令人恐慌的原因。因为如果我们想要崛起和改变，而非衰落或倒退，就需要众人共同努力，而不仅仅是某一方或某一派所能达成的。为了达到临界点，我们需要将"存在巨链"环环相扣，这样，人类——过去、现在和未来——就像晶格[①]，有无数个入口，邀请人们走上长胜思维之路。

---

① 组成晶体的结构粒子（分子、原子、离子）在空间中有规则地排列，这些点群有一定的几何结构，叫作晶格。

长胜思维

## 那么，我们该怎么做？
## 我们如何找到同伴，实现进化？

到 23 世纪还不能包容差异吗？不可能的！如果人类能存活如此之久，那么到时就一定已经学会了欣赏人与人之间，以及不同文化之间的本质差异，也将了解到思想和态度存在差异是一种乐趣，是生命多样性的体现，这令人振奋，不是什么可怕的东西。这是上帝的伟大馈赠。

——吉恩·罗登贝瑞（Gene Roddenberry），《星际迷航编剧》

"寻找同伴"乍听起来有点像心理惊悚片。但我想到的不是什么为了找到志同道合之人的秘密握手或嗅觉测试[①]。

---

① 研究表明，嗅觉在人类社交活动中能起到类似在某些动物中帮助选择朋友的作用，"气味"相近的人可能更容易建立友谊。

## 第五章 繁荣

相反,我们都是各自的同伴,我们在人类故事中都有一席之地。长胜思维模式的这一步只是提醒大家铭记,每个"我"都是集体"我们"的一部分。我们得从承认共同点开始,即使在一个像我们这样支离破碎的世界里,也是如此。其实,在一个像我们这样支离破碎的世界,尤为如此!

每当我有可能忘记这一点时,我就会想到基特尔白袍。基特尔白袍是犹太男人在节日、婚礼和葬礼上穿的白色长袍。我妈妈总是说,基特尔白袍没有口袋,"别把东西带在身上,"每当我为这或为那而烦闷苦恼,或为了某些侮辱我身份的事而纠结万分时,她都会提醒我,"把它们全部留在生活的田野上吧"。这其实是在给生活做减法。基特尔白袍提醒着我,我们赤裸裸地来到这个世界,也将赤裸裸地离开。人人如此。

我的好友、长胜思维实验室同事金柏莉·斯特里特在业余时间做产妇陪护和临终陪护。在她口中,这些时刻是我们生命中最回归人性的时刻。当身处安全的空间,并且安心地获得照料,人们就能深层次地和谐共处。时事烟消云散;日程安排烟消云散;心心念念的一切烟消云散;时间本身烟消云散——似乎这是时间之外的时间。这些时刻

## 长胜思维

让人得以重新与大局联系起来，与真正重要的事情联系起来，并帮助我们调整对最佳结果的愿景。"长期以来，人们举行各种过渡礼仪[①]来记录生命中的重大变化，"金柏莉说，"包括步入成年、进入婚姻或是为人父母，当你跨进了某种中间状态，你就不再是原先的自己了……你比过去多了些什么。"

传统而言，这些过渡礼仪往往会包含一些意义深刻的仪式和颇具象征性的表演，将我们与一个比自身宏大得多的愿景或意义联系起来。我所说的并不是那些只有浮华表面而无实质的版本。精心设计的有动物在现场的15岁成人礼[②]派对，7层婚礼蛋糕，以及花哨的性别揭晓仪式[③]，这些浮华分散了人们的注意力，使人们忽视了仪式本身的变

---

① 过渡礼仪（The Rites of Passage），又译为"通过仪式"，是人类学、民俗学等学科的重要概念，指的是一生中从一个阶段进入另一阶段时所举行的礼仪。阿诺尔德·范热内普（Arnold van Gennep）在其1909年出版的著作《过渡礼仪》中首次提出这一概念。

② 西班牙语中的"quinceañera"专指女孩15岁成人礼，在西语国家是极为重要的社会和宗教活动。

③ 性别揭晓仪式在西方非常流行，指的是在宝宝出生之前邀请亲友参与的派对，通常会用烟花、气球、彩带等来揭示即将出生的孩子的性别。

## 第五章 繁荣

革性意义,这也并非人们所需。人们只需团聚到一起,承认并支持这一仪式既影响个人又影响整体的转变。正如金柏莉所说:"潮间期就是人类的过渡礼仪,是我们百年难得一遇的进化契机。但这次潮间期也是我们第一次有机会认识到我们正在跨进潮间期,让我们有机会共同创造规则和仪式,指导我们如何通过,并帮助我们确立目标,思考潮间期过后我们希望呈现什么样的变化。"当下,我们都是新手,或许最好的选择就是鼓起勇气,携手探索这个伟大而未知的世界。

为了找到同伴,我们可以进入交叉空间,这些空间承认我们共同的人性,并且以此为基础,有助于我们在生活中采用长胜思维。几周前,我和我的狗奥齐在公园里玩的时候,我听到了救护车的声音,看着它在离我 30 米远的地方停了下来。在短短几分钟内,我看到急救人员在给担架上的人做心肺复苏,旁边站着的像是一对母女,正在相拥着哭泣。我不知道救护车开走后发生了什么,但因为我的父母都是在心肺复苏无效后离世的,我强烈地感觉到,那个人已经去世了。这件事使我一整天都心烦意乱,我的脑海里不断浮现出那对母女的样子,心想,她们的世界已经完全改变了。而我当时不过是想去商店买点鸡蛋和牛奶当早餐。虽然我不认识她们，但我觉得自己与她们息息相通，我强烈地感觉到她们是我的同胞，我们共同面对着生活中的起起伏伏。

第二天晚上，我在镇上闲逛，碰巧遇到一位年轻的母亲正抱着她的孩子。宝宝刚出生不久，可能只有两周大。我与这位母亲进行了眼神交流，把手抚按于胸前①。这一通用手势表达了"哦，天啊，太神奇了！"这样的想法。她对我笑了笑，点了点头，我们一句话都没有说。但在这一刻，我们感到彼此联结，感觉到我们是巴克敏斯特·富勒口中的"地球太空船"上的同行者。通过这种小小的互动，我们确认彼此都希望生活在这样的世界。在这个世界上，哪怕是陌生人，也会为了看到新生命这一神奇景象而惊叹。

多亏了我的朋友大卫·德斯迪诺等人的研究②，我们得知自己可以有意地发现这些共同点，寻找能够产生共鸣的

---

① 把手放在胸口行礼是抚胸礼，在一些亚洲国家以及欧美国家，人们在与他人相逢之时，往往会抚胸为礼。

② 在此项研究中，参与者被指示通过敲击放置在桌子表面的传感器来敲出他们在耳机中听到的节拍。

## 第五章 繁荣

时刻。当我们这样做的时候,我们就会更加善待彼此。换句话说,道德具有灵活性。大卫的实验室进行了一项实验,当参与者敲出的节奏与房间里的某个人相同时,他们更愿意帮助那个人完成繁重的任务。只需要这样做就可以了:用同样的节奏敲击几分钟,人们就不再把彼此看作陌生人,而是旅伴,更愿意伸出援手。

在第一次世界大战中就有一个非常著名的案例,体现了人们会以这样的方式产生联系。当时,德国军队和英国军队驻扎在西线战场的对立战壕里。1914年的圣诞节,双方互唱圣诞颂歌,互相握手,有些人还在双方之间的无人区碰面踢足球。一名英国士兵在家书中写道,他听到有人说:

"出来吧,英国士兵,到我们这里来吧。"有那么一小段时间,我们都很谨慎,甚至没有回答。军官们担心有人背信弃义,命令士兵们保持沉默。但在我们的队伍中,有士兵在回应来自敌军的圣诞问候。我们怎么能不互相祝愿圣诞快乐呢?尽管之后我们可能会马上被对方干掉。因此,我们一直在与德国人交谈,而同时我们的手也一直握着步

## 长胜思维

枪。鲜血与和平，敌意与友爱——战争最惊人的悖论。从夜晚一直持续到黎明，德军战壕里的歌声、短笛的笛声以及我们广阔战线上的笑声和圣诞颂歌让这个夜晚变得更加轻松。没有一声枪响。

如今，我们都知道，双方最终继续交火了，但圣诞休战表明，即使在最紧张且最有争议的情况下（很难有比堑壕战更棘手的情况了），同理心和集体意志依然可以赢得胜利。这绝对可能发生。

在当代的日常生活中，人与人之间的联系可能看起来没有那么戏剧化。例如，我的朋友克里斯蒂娜和她的弟弟一直很亲密。但随着年龄的增长，他们形成了截然不同的世界观。在紧张的政治环境下，他们经常争吵。最终，他们都无法说服对方接受自己的观点，双方也都对此心知肚明。他们会交谈，然后各自回到各自的回音室[①]。不过，克

---

[①] 回音室（echo chamber）指的是受众对信息选择性接触所形成的相对封闭的"回音室"。回音室效应则指在一个相对封闭的环境里，一些意见相近的声音不断重复，令处于其中的大多数人认为故事就是事实的全部。

## 第五章 繁荣

里斯蒂娜和她的弟弟确实有一些共同点。他们都认为刻薄的言论没有任何好处,而且家庭对他们来说很重要。最终,他们达成了共识,决定双方可以进入各自的领域,但他们将为对方保留一席之地。因此,当克里斯蒂娜下次与志同道合的人谈论政治时,她会充满尊重地表达:"其实,我弟弟不这么看。如果他在的话,他会说……"

通过尝试想象对方会说的话,克里斯蒂娜和她的弟弟正在练习共情。他们的同理心帮助他们变得更谦逊、更具好奇心,并且能从不同的视角看待问题。设身处地想象别人的世界、过去和价值观,就能使人自身的立场不那么僵化,对话也就不再充满火药味。他们不一定认同对方,但他们尊重对方的观点,并且认可各自都是出于好心。如果某一立场并不基于善意,他们能够阐明为什么这种观点会造成伤害或让他们感到压抑,而不用担心遭到严厉的报复。克里斯蒂娜和她的弟弟正在运用他们的关系张力[①](在这种情况下符合字面意思)来协商他们共存的方式。他们是在对话,而不是辩论。

---

① 关系张力(relational tension),在英语中有"关系紧张"之意。

最重要的是，我们可以运用以下见解：

1）关系张力可以是有益的；
2）相比于不同点，我们有更多的共同点；
3）通过发掘共同点并将其引导到我们的日常行动中，就有可能与人们建立联系。

通过这种方式，我们或多或少会结伴而行，朝着同一个大方向前进。从本质上讲，我们可以把这看作第四章中提及的沃罗思锥，像手电筒一样指向遥远的地平线。我们都会循着这束光降落在某个地方。有些人离光源只有几毫米远（仍然坚持会有合理的或可能的未来，但仍在审视），而有些人则会走得更远（体验经过审视的理想未来），但所有人都会被指向一种更辉煌的未来，并参与其中。

最后，我想说明，努力"寻找同伴"并不是一种天真。我们有非常真实的分歧，我们需要真相、和解和治愈，我们也需要作家、思想家、政治家和抗议者为他们各自的事业奔走。而且，我们也可以成为他们中的一员。长胜思维

## 第五章 繁荣

并非与反抗歌曲对立,而是平行运作。"寻找同伴"只是要求我们去寻找某种和谐的曲调,融合不仅仅是我们自己的声音,而是所有人的声音。人们并不会互相阻滞,而是互利共赢。

# 在影响范围内发挥作用

我们都有自己的影响范围：我们的同事、家人、同辈、朋友、学生、社团。在这个范围内，你可以传达一种用于生活和决策的长胜思维，并且把人际关系导向对未来有益的方向。你可以像蜜糖一样吸引他人的注意力。虽然还有很多方法可以激发其他人的好奇心并且让其参与其中，我们接下来主要介绍4种方法来邀请他人共同踏上长胜思维的旅程：通过我们的愿景、对话、引导和存在方式。

**1. 通过愿景**

我们可以通过描绘对未来的愿景吸引他人同行。愿景家有多种类型，可以是艺术家，创造对新世界的抽象愿景；可以是政治学家，想象全新的治理形式；可以是首席执行官类型，将愿景转化为产品或组织结构；可以是首席运营官类型，知道如何脚踏实地将愿景变成现实；抑或是家庭

## 第五章 繁荣

教师联合会的成员,倡导没有霸凌的校园。描绘愿景没有门槛,也不需要专业知识,只要能够表达出想法,用简单的故事和简笔画就可以做到。如果我们能够帮助他人拥有愿景,那么距离其成为现实就不远了。

星舰迷[①]都记得,在《星际迷航:下一代》中,皮卡德和他的团队非常喜欢他们的PADD——触屏"记事本",这比苹果的平板电脑问世提早了整整30年。他们也早在FaceTime[②]之前就有了视频通话。史蒂夫·乔布斯曾经大方地分享了这部剧的影响力。在发布第四代苹果手机的时候,他说:"我在美国长大,《杰森一家》《星际迷航》和发报机伴随我成长,我一直梦想着视频通话,现在梦想成真了!"

许多科幻作家,比如艾萨克·阿西莫夫,以及《星际迷航》的艺术家们,都曾设想过"硬件"最终会发生的演变——PADD就是个绝佳的例子。而《星际迷航》也通过任命一位黑人女性来掌舵这样的剧情,预想了未来最终会有怎样的"软件",畅想了我们的社会演进。由于这样的

---

① 星舰迷(trekkies)这个词发明于1967年,指的是《星际迷航》(Star Trek,又译作《星际旅行》)的粉丝们。

② FaceTime是一款支持苹果设备之间的视频和音频通话的应用程序。

长胜思维

案例表明我们能够拥有共同的愿景,我们就可以开始设想——在这个过程中调动我们的同理心、未来思维以及终极目标,并且一起创造这种现实。

在虚构角色乌乎拉(来源于斯瓦希里语中的"uhuru",意为"自由")掌管星舰不到20年后,梅·C.杰米森登上了奋进号航天飞机。我们也要感谢乌乎拉舰长与柯克舰长的深情一吻,这是《星际迷航》的编剧吉恩·罗登贝瑞为跨种族婚姻正常化打开的一扇门。1967年,美国最高法院废除了禁止跨种族婚姻的法案。

虽然我们可以依靠科幻小说和许多其他方式来推动人们进一步畅想未来,从大卫·鲍伊的基吉·星团①到太阳拉阿斯凯特拉乐队对爵士乐的星际探索,再到《非洲未来主义》的作曲人,愿景或许是由各种事件引发的,比如说与邻居物物交换("我的黄瓜换你的西红柿"),向董事会提出碳抵消计划,建立对企业污染者的零容忍政策,或者取消常备军事力量。这样的事件可能会发生,也可能不会发生,但你已经提高了实现的可能性。仅仅是提示,仅仅是问一

---

① 基吉·星团(Ziggy Stardust)的设定是太空摇滚歌手,融合了摇滚和日本歌舞町伎的特点。

## 第五章 繁荣

个问题,你已经打开了一扇门,能通往可能的未来。下一步是找到一种方法,尽可能深入地与他人产生联系,找到一个能够产生共情的共同点。

**2. 通过对话**

有时,我们可以通过明确的口头指令来带动他人。但是,并非每个人都愿意坐下来和你讨论宇宙的本质或生命的意义(我知道这令人震惊),所以每一次交流,每一次对话,都必须先获得双方的同意。就像本章伊始克里斯蒂娜和她的弟弟所做的那样,寻找一个突破口,然后慢慢展开。人们对这本书所涉及的主题会有完全不同的接受程度:有些人会很乐意谈论死亡、子孙后代,以及如何看待祖先所创造的过去;有些人则会觉得谈论体育的未来更自在(嘿,现在你可以用米歇尔的体育场故事或我上中学时那位古怪的园丁的逸事来引入谈话)。重点是,了解你的听众,满足他们的需求,别逼得太紧。当我和我女儿所在的女童子军谈论文明的未来时,我历经了一番艰难,才学会了这一点。她们像看疯子一样看我,她们的父母也是如此。

当你与他人交流,如果是进行言语上的沟通时,务必记住，别人的真理就是他们的真理。你的任务并不是要说服他们完全按照你的方式思考，而是探寻你们之间的共同点，并在此基础上努力。你可以突破一些界限，走出舒适区，但是，不常常惹恼他人，你们的互动可能会更有成效。请谨记，我们的短期思维使我们很难考虑到长远的未来。你可不能像蚊子一样在别人耳边"嗡嗡"叫，或者每隔两分钟就吸点血来加剧这种情况——你会像蚊子一样被打，甚至更糟！

如果你与他人谈论长胜思维，请注意话题的方向。虽然"我们如何发展至今"这个问题很有意义，但不应该是谈话的全部内容。我非常支持了解我们的过去，并且分析过去如何影响我们现在的思维和行动，但我们不能受困于此，因为这会阻滞我们在争论因果的细节之外取得进展。看看你是否能将对话引向"我们将去往何处"以及"我们想去往何处"，这将取得截然不同的对话效果。

此外，对话不一定非得明确地提及"长胜思维"，这个词甚至可能都不会出现。比如说，我的朋友霍雷肖参加他所在的律师事务所的一次会议，会上合伙人讨论了有关弹性工作时间的规定。他们很快就转而讨论起关于后

## 第五章 繁荣

勤、公平和办公室政治的话题，公开剖析起对过去的不满。因此，霍雷肖试图把话题拉回他们的最终目标或目的是什么。"我们想要达成什么？"他问道，"我们起初为何认为我们都需要在办公室里工作？我们希望有什么样的工作场所？我们是如何设想的？这种愿景背后是什么样的价值观？"他没有使用终极目标这个词，但他使用了这个概念，将其作为引子，把话题从公司的短期需求转移到了长远目标。

在我的朋友詹妮弗与其父亲的一次争吵中，她也运用了长胜思维（虽然没有用到这个词）。詹妮弗和她的兄弟姐妹们正在为其父母准备结婚50周年纪念派对。尽管他们要求父亲不要干涉，但他们的父亲非常担心准备工作有瑕疵（从进化的角度来看，这会损害他在"家族"中的地位），以至于一直在干涉。因此，詹妮弗让他回想一下，当他为自己的父母举办结婚纪念派对的时候，给父母送上礼物的感觉有多好，而如果父母干涉了，又会有什么样的感觉。然后，詹妮弗说："想想你在派对当晚想要获得什么样的感受？你想怎样看待你的孩子和孙子孙女？怎样看待你的妻子？以及你想让我们和你的孙子们怎样看待你？"她把他们之间的互动从时间和逻辑上带到情感上,提醒她的父亲和她自己,他们的终极目标是什么。

### 3. 通过引导

我们可以通过展望未来以及探讨未来带动其他人。那么,怎样才能通过一些事件或策略有效推动长胜思维的实施呢?我们需要打造安全的空间来谈论大事。无论是在办公室讨论战略规划,还是在家讨论遗产分配,我们都需要安全空间。当人们觉得自己可以畅所欲言而不会受到惩罚或羞辱,任何想法和观点都能被接受时,心理安全感就建立起来了。引导者所设置的环境中,权利的分配应当完全平等,从发言顺序到桌子周围的椅子如何摆放,甚至或许根本不使用桌子。

环境很重要。当谷歌希望更好地了解其最高效的团队背后是靠什么样的力量在支撑,它们发现重要的并不是专业知识或资历,而是团队成员的心理安全感。当我们建立安全的空间时,当我们包容多样性并且共同参与到团队基本规则的创建时,我们将最有可能走向那条富有创造性的第三条道路,使人人受益。

"死亡晚宴"是围绕死亡对话组织起来的晚餐俱乐部,

## 第五章 繁荣

为这类空间的打造提供了一个案例。"死亡晚宴"指导人们如何为这类有难度而又极富意义的话题创造安全空间，并且引导派对开始进行。许多人会发现，这确实是个派对！在其中，你会笑也会哭，你离开时会有种归属感。死亡是我们共同的故事。那么，如果某场死亡晚宴上的一个破冰问题是关于留给遥远未来的遗产，现场会有什么样的反应呢？如果是悠久过去留下的遗产呢？这种体验怎样才能更深刻呢？

政府、非营利组织和营利性组织可以通过赞助各种活动来推广长胜思维。它们会选取一群人聚集在一起共同展望未来，共同做出决定。早在2008年，阿鲁巴岛[①]就开始这样做了。当时，阿鲁巴岛从社会招募了大约5万人参与"我们的阿鲁巴岛2025项目"。他们考虑了阿鲁巴岛和岛上的居民，共同制订了一个可持续的国家战略计划。这一进程不仅从根本上改变了阿鲁巴岛，也改变了其公民与政府的互动方式。20世纪70年代，夏威夷也做了类似的尝试。而最近，尽管规模要小得多，美国堪萨斯城也进行了这样

---

[①] 阿鲁巴岛（Aruba），位于加勒比海南部小安的列斯群岛最西端，南临委内瑞拉，目前隶属于荷兰王国的独立政治实体。

的尝试。考夫曼基金会①组织了一场为期 2 天的研讨会，有 15 位居民参加，他们涉猎面广，代表了整个城市的精神风貌。他们被要求共同重新设计堪萨斯城的一个十字路口，这个十字路口长期以来一直被种族分界线所分割。他们被告知，要抛开限制，共同创造未来。

当然，在此也必须提到长胜思维集会。长胜思维实验室时常组织集会，参与者有机会和一群人一起进行本书当中介绍的相关练习，或许并非志同道合，但大家都乐意讨论重大问题。这样一来，参与者可以分享、优化，甚至共同创造长胜思维叙事。大家可以在长胜思维网站（Longpath.org）查看最新的集会信息。

### 4. 通过存在方式

号召大家"寻找同伴"实际上也是在号召大家"鼓励同伴"。如果我向你表达了感激之情，而你体会到了这种美好的感觉，你就更有可能向他人表达感激之情。这种人与人的关联有时甚至不需要交谈，只是在杂货店点了点头，

---

① 考夫曼基金会（the Kauffman Foundation）位于美国密苏里州堪萨斯城，由企业家兼慈善家埃温·玛瑞恩·考夫曼先生创办于 20 世纪 60 年代中期，是美国较大的基金会之一。

## 第五章 繁荣

或是在街上路过时笑了一笑。在我们的影响范围内，我们的存在方式有可能会引发连锁反应。

通过我们的存在方式，我们可以创造条件从而实现终极目标。比如说，如果我们想要一个人人都能看书识字的世界，那么我们可以建立一个免费的小型图书馆。如果我们想要一个人人温饱的世界，那么我们就可以在食物匮乏地区建立社区菜园①。如果我们想要一个相互信任的世界，我们就应该说到做到，留出最后一块馅饼，帮别人照看孩子，或者当别人在杂货店付款钱不够时递上一枚硬币。当我们想要到达峡谷的另一边，我们就可以安上一根扁带。我们永远都不知道谁会加入我们的行列。

我们可以把这个策略看作婴儿和看护者之间形成的天然依恋和密切联系。婴儿不会说话，也听不懂看护者说的话，但婴儿知道有人会照顾自己，这对他们的成长来说至关重要。健康的依恋感能让婴儿的大脑和神经系统得到最佳发展，并且能够为他们培养信任和同理心等性格特征奠定基础。传递给婴儿的安全感和爱没有通过语言，而是通

---

① 社区菜园（community garden），也译为社区花园，即在社区中种植新鲜健康的食物。

过数百种微表情和暗示来实现的：声音的语调，皮肤的触感，平静的面部表情，对痛苦的反应等。看护者自然而然地进行了这些暗示，也有可能一开始需要一些练习。但对大多数人来说，这些暗示融入他们的行为，成为他们和孩子的相处方式。同样地，当我们开始使用亲社会的暗示时，我们可能也需要注意我们的非语言沟通。像开放的姿态，倾斜头部来表示专心倾听，或者当别人与你交谈时将手机屏幕朝下放置，都是向别人发出信号，表明你是一个可以安全交往的人，表明你在乎他们。当我们采用了这些相处方式，我们就不必如此费力向我们的邻居（甚至是遥远未来的邻居）传达我们的善意了！我们的所作所为说明了一切。

花点时间想想你的存在晶格，所有的生命（过去、现在和未来）都与你的此生相关。在这个晶格里，你觉得自己与哪些点的关系最为密切？哪些点受到你的影响最大？哪些点的关系张力小，哪些点的关系张力大？你想分享的长远愿景是什么？或许你会想找到一个切入点，邀请他人与你对话。那么，在互动过程中，你的愿景是否会改变或演进？或许你会觉得邀请别人一起探索你的愿景很自在，

## 第五章 繁荣

抑或你也想听听他们的看法。

我一直很欣赏大卫·林奇基金会的成就,该基金会将超验冥想作为治疗创伤性压力,以及锻炼韧性的方法。于是,我开始了解瑞娜·布恩,她是该基金会长期聘请的一名冥想老师。她的生活就是一场寻找同伴的实践,她的故事也切实地体现了长胜思维模式。因此,我将给大家从头说起。

瑞娜是个充满活力的黑人女性,她的童年非常坎坷,在一个充满不幸的家庭中长大。在她上大学的时候,一位教授给她们班布置了一项"描述生活"的作业。瑞娜是这样描述的:"生活就是一波未平一波又起。"

不过,瑞娜怀疑生活并不止于此,在她寻找答案的过程中,她发现了超验冥想。这种练习让她平生第一次感到平静。在平静之中,她能够原谅父母在养育她时所做的一切。"当我想到我的父母,"她说,"以及他们的父母和他们所经历的一切,我对他们只有同情和爱,我想感谢他们给予我生命。"当她克服内心的障碍,对她来说,莫比乌斯带①的内外缘连接了起来。"我认为我们的内心有爱的能力,

---

① 莫比乌斯带(Mobius strip)就是把一根纸条扭转180°后,两头再粘接起来做成的纸带圈。

有同情心,能够爱比邻如爱己。"她说,"但如果你不爱自己,你又怎么能爱你的邻居?因此,如果你能排解内心的消极情绪,清除内心的毒素,想象一下会变成什么样?我们最有智慧、最有爱的自我就会出现。"

当瑞娜有了两个儿子后,她想把他们培养成心智健全的人,能够轻松自在地去往世界各地。"我知道改变行为模式、改变思维、改变范式是多么重要,因为这些范式会传给下一代。"瑞娜也开始教授超验冥想,希望其他人也可以有机会采用这一对她产生了巨大影响的方法,这一教就是40年。现在,通过大卫·林奇基金会的心理韧性研究中心,她在华盛顿特区东南部的一个高风险社区开办了一个冥想项目。在课堂上,瑞娜向学生们教授超验冥想,帮助他们减少压力,充分发挥他们的潜力。她还将超验冥想教给那些有不良生活方式或是遭受了创伤的人。"我的工作与进化相关,"她说,"随着我们的进化,我们变得越来越真实。这关乎变革,关乎人类的全部潜能。当我帮助他人和自己实现自身能力所及的福分,我感到非常快乐。"

瑞娜首先找到了自己,而后找到了同伴。在这个过程中,她触及了本章提到的4个方法:她是一位愿景家,为

## 第五章 繁荣

她的学生描绘了一幅更为先进、压力更小的人类图景;她开启了无数关于终极目标的对话,尽管没有使用这个词;她把人们聚集在安全的空间里,促进重要领域的发展;她在这个世界上的存在方式每天都在实现她的愿景。"到处都有进化的迹象,"她说,"你可能在新闻上找不到,但会在生活中发现。我最近注意到人们都很善良。当我意识到善意,我都会特别关注。当你走进一家商店时,有人花时间对你说,'你先走吧'。关注到这些小小的善意,我会非常振奋。而如果我们毫不在意,就会错过很多美好。当我们把注意力集中到自己身上,就更容易注意到那些黄金时刻。"

经过40年的教学和日常互动,瑞娜在其影响范围内产生的涟漪是无法量化的。这种影响与日俱增,跨越时空。

最有意义的长胜思维互动往往从一对一的形式开始,而后变成一对二,继而一对三。不,这不是最高效的方法。拿个扩音器或登个广告会更容易些。这种安静的方式很慢,而且有时很混乱。它往往涉及一些根深蒂固的信念和行为,需要斗争。但这也是可持续的变化所发生的方式,在小对话、小互动、小习惯中逐步形成。正是这些时刻孕育了长久的生命力，因为正是在这些时刻，我们改变了默认的文化规范。

因此，你看，我并非在倡导一场轰轰烈烈的运动，而是在呼吁一种微妙的转变，低调地分享一种新的思维方式。当然，如果你有能力做得更多，那就去做吧。如果你能保护数千公顷的原始森林，或者起草法案结束粮食短缺，那就赶紧行动！但如果你所能做的是管理你的日常情绪，使自己的孩子能有个更好的榜样，那么恭喜你，这就是长胜思维。如果你在与你所爱之人交谈时注意自己的语气，这也是长胜思维。如果你的日历上突然出现了老朋友的生日提醒，你打电话祝福他拥有美好的一天，这也是长胜思维。如果你在会议上问道："这个决定对下一代的长期影响是什么？"这也是长胜思维。如果你发现自己和配偶在孩子面前争吵，并停下来思考，这向他们传达了什么信息？这也是长胜思维。如果你正坐在总统办公室的办公桌前读到这里，并且问自己，这项政策能让我们在100年后繁荣发展吗？1000年后呢？这依然是长胜思维。把这个目标设定为你的既定目标，并承认你的行动是给后来者的礼物。如果你遇到其他在类似的处境中挣扎的人，看看是否可以一起制定

## 第五章 繁荣

战略,在支持系统中更均匀地分配压力,或者一同减少压力。定期检查,看看你是否有能力在你的长胜思维愿景中增加一个目标或另一个切入点。这就是人类完成其最新的过渡礼仪,实现最新的迭代和进化的方式。这也是我们成为子孙后代所需的伟大祖先的方式。

你有没有发现,持有长胜思维的愿景会改变你的日常生活,或是他人的日常生活。你觉得你的愿景会对几百年后的人产生什么样的影响?几千年后,抑或几万年后呢?你能想象在非常非常非常遥远的未来,历史课会承认这一刻是人类发展轨迹当中一个伟大的转折点吗?这种可能性让你感觉如何?你能采取什么行动来实现这种可能性呢?请做好笔记,并随着条件的变化修改其中的细节。

# 后　记

牛津大学的两位哲学家希拉里·格里夫斯和威廉·麦克阿斯基尔写道："关于文明史的一个惊人的事实是，我们目前身处其中极其早期的阶段。"他们指出，仅仅达到哺乳动物的典型生存点，我们大约也还需要 20 万年的时间。我们还是孩子，还是婴儿，真的。"如果人类的传奇是一部小说，"格里夫斯和麦克阿斯基尔指出，"我们会出现在小说的第一页。"

最后，让我们静心领会这种高屋建瓴的观点。但是，与此同时，千万不要畏惧或消沉。有些人会想：我只是一粒微尘，我能做什么？务必尽量避免这类想法。很多人认为改变世界的途经是政府和政策。是的，这些途径很重要。大众文化及其影响也很重要。我们一直在讨论这些方面的改变对吗？然而，却没有人愿意讨论每时每刻都在发生的人类互动。警察的耐心能减少冲突；董事会成员对供应链的额外关注可以构建长期价值；技术团队对未来可能性的思考会减少人工智能的偏差；学校的社区菜园能让孩子们吃上健康的食物；公民对孙辈的愿景会使他们拒绝民族主义意识形态；父母的细心会改变他们明天和孩子说再见的方式。这些时刻微不足道、转瞬即逝，在这个充斥着大数据和大思想的世界，或许根本无法捕捉到它们的意义。但是，我已投身未来学二十余年，我可以告诉你，你每天进行的成千上万次微观互动——无论是与他人的互动，还是在自己脑海中与自我的对话——将会使这艘智人之船驶向我们想要抵达的地方。

后记通常是作者最终想说的话，他们在这一部分恰如其分地表达自己的愿景，给读者心中留下些许印记。但是，我想颠覆传统的后记，同你一起来为本书画上句号。如果你能给未来写张便条，让生活在未来的每个人都能读到，你会写下什么？请写下在你看来生命中最重要的事，写下你最想传递的智慧，或者写下你想为他们许下的愿望或祝福。在这里写下你的心声吧！

_____

_____

后记

_____
_____
_____
_____
_____

现在,让你的文字"活起来"。活成你笔下的样子。成为未来人类所需的伟大祖先。

# 长胜思维的大趋势

## 社会和文化转变

传统社团和组织的衰落

思想与叙事的全球化

数字文化与社交网络的兴起

女性地位和权力的提升

## 人口结构转变

千禧一代的成长

婴儿潮一代的繁荣

长胜思维

城市化无处不在

新种族和多数族裔的崛起

## 科技发展

生物工程的进展

大数据崛起及随之而来的信息透明化

新能源

万物创新

万物智能

## 环境动态

环境性疾病

气候难民

气候变化和资源稀缺

## 经济变化

全球经济秩序多极化

工作分散化

收入差距扩大

## 政治动态

传统制度权力的衰落

新的地盘之争

# 日记页

# 致　谢

四十多年来,我有幸得到了家人、朋友和同事的陪伴,他们事无巨细地帮助我。如果要列出一份名单,写下所有在我的人生道路上提供过帮助的人,那么恐怕篇幅就远远不够了,所以这篇致谢只是一份极度精简的版本。

显而易见,如果没有我的父母对我充分的信任,就不会有今天的我。虽然我的父亲劳尔在我大学一年级时就去世了,我的母亲苏珊在我刚开始写这本书的时候也去世了,但他们的智慧渗透到了书中的每一页。感谢我的姐姐黛博拉和莉莎,感谢她们为了抚养弟弟所做的一切。在我为人生感到迷茫之时,是她们给我指明了方向。

感谢詹妮弗和乔纳森·索罗斯,他们是长胜思维实验室最早期的支持者,他们为子孙后代做出了不朽的贡献。

当然,我也要感谢我的出版经纪人霍华德·尹和哈珀

长胜思维

一号出版社的编辑安娜·波斯坦巴赫,是他们最初给了我写本书的信念。如果没有他们,这本书仍然只是云端的一系列笔记。感谢哈珀一号出版社团队,包括孙·朴、勒达·谢恩图布、乔伊·奥米拉和阿德里安·摩根,感谢你们帮助这本书成形,并最终出版。感谢布鲁克·巴德纳帮忙绘制了书中的精美插图。我也有幸得到了长胜思维实验室的首任科研主管金·斯特里特博士的指点。从初稿到终稿,她为我提供了独到的见解和诸多建议。珍娜·兰·弗里在我的写作过程中,扮演了精神向导和顾问的角色,没有她的帮助和开导,你手中的这本书就不会成形。

在这本书走向世界的道路上,还有我的很多朋友和同事为我指引着方向,他们是我最有力的支持者:内森·阿尔伯曼、霍利鲁森·吉尔曼、卢·卡巴莱罗、道格拉斯·洛西科夫、米歇尔·摩尔、凯瑟琳·默多克、杰夫·斯托克、安娜·伯格、亚当·布莱、乔纳森·巴兹雷、莉兹·弗里里奇、鲁思·鲍德温、阿曼达·西尔弗、杰里米·沃特海姆、丹·利奇蒂、斯科特·奥斯曼、亚伦·格拉本、林赛·利托维茨、迈克·布鲁克斯、艾玛·戈德堡、尼尔斯·吉尔曼、蒂芙尼·史莱恩、米克·摩尔、珍妮

# 致谢

弗·胡斯·罗斯伯格、布鲁斯·费勒、瑞安·森塞尔、莎朗·布鲁斯拉比、蒲艾真、伊塔莎·L.沃马克、大卫·德斯迪诺、贾米尔·扎基、哈尔·赫什菲尔德、哈莉·韩、妮娜·马扎尔、杰里·桑德斯教授、瑞娜·布恩、马克斯·克劳和道格·桑德海姆。

在此,我要特别感谢赫伯特·马尔库塞、J.克里希那穆提、巴克敏斯特·富勒、欧内斯特·贝克尔、艾萨克·阿西莫夫、奥克塔维娅·巴特勒、马丁·塞利格曼、阿伦·瓦兹和厄休拉·K.勒古恩,他们对我的思想产生了巨大的影响。

当然,最后我要感谢我的妻子、我的人生伴侣莎朗·戈德曼·瓦拉赫,如果没有她的支持、关心、爱护、照料以及终生友谊和信任,就不会有《长胜思维》。

#  附　录

**Chapter 1: Living**
1. Edelman, "Edelman Trust Barometer 2021," accessed August 27, 2021, https://www.edelman.com/trust/2021-trust-barometer.
2. United States National Intelligence Council, "Global Trends 2040," McLean, VA: Office of the Director of National Intelligence, 2021, https://www.dni.gov/files/ODNI/documents/assessments/Global Trends_2040.pdf.
3. "Millions Tumble Out of the Middle Class," *Bloomberg* video, April 7, 2021, https://www.bloomberg.com/news/videos/2021-04-07/millions-tumble-out-of-the-middle-class-video.
4. Edelman, "Edelman Trust Barometer 2021."
5. Shane McFeely and Ryan Pendell, "What Workplace Leaders Can Learn from the Real Gig Economy," *Gallup*, August 16, 2018, https://www.gallup.com/workplace/240929/workplace-leaders-learn-real-gig-economy.aspx.
6. Ziauddin Sardar, "Welcome to Postnormal Times," *Futures* 42, no. 5 (June 2010): 435–44, doi: 10.1016/j.futures.2009.11.028.
7. Ilya Prigogine and Isabelle Stengers, *Order Out of Chaos: Man's New Dialogue with Nature* (New York: Bantam, 1984).
8. Similar examples exist in how the Ming Dynasty fell in China in the 1500s and even in the downfall of the Mayans in the 900s.

9. If you're interested in guesstimating your own number of descendants, check out familyrecordfinder.com/descendants.html. The formula used is $=x^1+x^2 \ldots x^n$, where $n=$generations and $x=$children.
10. Julie Beck, "Where Life Has Meaning: Poor Religious Countries," *Atlantic*, January 10, 2014, https://www.theatlantic.com/health/archive/2014/01/where-life-has-meaning-poor-religious-countries/282949/.

## Chapter 2: Changing

1. In a recent survey of six hundred corporate executives, two-thirds of them felt pressure to focus on short-term results. Jonathan Bailey et al., "Short-termism: Insights from Business Leaders," Focusing Capital on the Long Term, January 2014, https://www.fcltglobal.org/wp-content/uploads/20140123-mck-quarterly-survey-results-for-fclt-org_final.pdf.
2. Manda Mahoney, "The Subconscious Mind of the Consumer (And How to Reach It)," *Working Knowledge*, Harvard Business School, January 13, 2003, https://hbswk.hbs.edu/item/the-subconscious-mind-of-the-consumer-and-how-to-reach-it. The 80 percent came from here but is not specifically sourced: Michael Levine, "Logic and Emotion," *Psychology Today*, July 12, 2012, https://www.psychologytoday.com/gb/blog/the-divided-mind/201207/logic-and-emotion.
3. Teressa Iezzi, "No Future: Present Shock and Why Our Now-Fixation Has Changed Everything from Advertising to Politics," *Fast Company*, July 8, 2015, https://www.fastcompany.com/1682643/no-future-present-shock-and-why-our-now-fixation-has-changed-everything-from-advertising-to.
4. Yohan J. John, "The 'Streetlight Effect': A Metaphor for Knowledge and Ignorance," *3 Quarks Daily*, March 21, 2016, https://3quarksdaily.com/3quarksdaily/2016/03/the-streetlight-effect-a-metaphor-for-knowledge-and-ignorance.html.
5. Trevor Haynes, "Dopamine, Smartphones & You: A Battle for Your Time," *Science in the News*, Harvard University Graduate School of

Arts and Sciences, May 1, 2018, https://sitn.hms.harvard.edu/flash/2018/dopamine-smartphones-battle-time/.
6. American Museum of Natural History, "Human Population Through Time," YouTube video, November 4, 2016, https://www.youtube.com/watch?v=PUwmA3Q0_OE.
7. Carol S. Dweck, *Mindset: The New Psychology of Success* (New York: Ballantine, 2007).
8. David DeSteno, personal correspondence with author, June 2021.
9. David DeSteno, "The Kindness Cure," *Atlantic*, July 21, 2015, https://www.theatlantic.com/health/archive/2015/07/mindfulness-meditation-empathy-compassion/398867/.
10. Shanyu Kates and David DeSteno, "Gratitude Reduces Consumption of Depleting Resources," *Emotion* (December 28, 2020), doi: 10.1037/emo0000936.
11. TEDx Talks, "We're experiencing an empathy shortage, but we can fix it together | Jamil Zaki | TEDxMarin," YouTube video, October 18, 2018, https://www.youtube.com/watch?v=-DspKSYxYDM.
12. Erika Weisz et al., "Building Empathy Through Motivation-Based Interventions," *Emotion* (November 19, 2020), doi: 10.1037/emo0000929.

## Chapter 3: Practicing

1. J. Krishnamurti—Official Channel, "Audio | J. Krishnamurti—Amsterdam 1969—Public Talk 2—How Is Conditioning to Be Understood?" YouTube video, November 24, 2020, https://www.youtube.com/watch?v=279RfTu0gKY. Content reproduced with permission. For more information about J. Krishnamurti (1895–1986), see: www.jkrishnamurti.org.
2. Cameron Hewitt, "Unwanted Statues? A Modest Proposal, from Hungary," *Rick Steves' Europe*, June 18, 2020, https://blog.ricksteves.com/cameron/2020/06/hungary-statues/.
3. Bryan Stevenson, discussion with Rabbi Sharon Brous for Yom Kippur, September 2020.
4. Christina Chwyl, Patricia Chen, and Jamil Zaki, "Beliefs About Self-Compassion: Implications for Coping and Self-Improvement,"

Personality and Social Psychology Bulletin 47, no. 9 (September 2021): 1327–42, doi: 10.1177/0146167220965303.
5. Ernest Becker, *The Denial of Death* (New York: Free Press, 1973), 26.
6. Atul Gawande, *Being Mortal: Medicine and What Matters in the End* (New York: Picador, 2017).
7. Michael Hebb, *Let's Talk About Death (Over Dinner)* (New York: DaCapo Lifelong Books, 2018).
8. TED, "Laura Carstensen: Older People Are Happier," YouTube video, April 9, 2012, https://www.youtube.com/watch?v=7gkdzkVbuVA.
9. Terri Hansen, "How the Iroquois Great Law of Peace Shaped U.S. Democracy," PBS.org, December 17, 2018, https://www.pbs.org/native-america/blogs/native-voices/how-the-iroquois-great-law-of-peace-shaped-us-democracy/#1.
10. Daniel Gilbert, *Stumbling on Happiness* (New York: Knopf, 2006).
11. John Tierney, "Why You Won't Be the Person You Expect to Be," *New York Times*, January 3, 2013, https://www.nytimes.com/2013/01/04/science/study-in-science-shows-end-of-history-illusion.html.
12. Emily Pronin, Christopher Y. Olivola, and Kathleen A. Kennedy, "Doing Unto Future Selves As You Would Do Unto Others: Psychological Distance and Decision Making," *Personality and Social Psychology Bulletin*, 34, no. 2 (February 2008): 224–36, doi: 10.1177/0146167207310023.
13. Arnaud D'Argembeau and Martial Van der Linden, "Emotional Aspects of Mental Time Travel," *Behavioral and Brain Sciences*, 30, no. 3 (June 2007): 320–21, doi: 10.1017/S0140525X07002051.
14. Debora Bettiga and Lucio Lamberti, "Future-Oriented Happiness: Its Nature and Role in Consumer Decision-Making for New Products," *Frontiers in Psychology*, 11, no. 929 (May 2020), doi: 10.3389/fpsyg.2020.00929.
15. Yoshio Kamijo et al., "Negotiating with the Future: Incorporating Imaginary Future Generations into Negotiations," *Sustainability Science*, 12, no. 3 (May 2017): 409–20, doi: 10.1007/s11625-016-0419-8.
16. John Koetsier, "Why Every Amazon Meeting Has at Least 1 Empty Chair," Inc.com, April 5, 2018, https://www.inc.com/john-koetsier/why-every-amazon-meeting-has-at-least-one-empty-chair.html.

附录

## Chapter 4: Creating

1. Centers for Disease Control and Prevention, National Center for Health Statistics, "Death Rates Due to Suicide and Homicide among Persons Aged 10–24: United States, 2000–2017," Sally C. Curtain, M.A. and Melonie Heron, Ph.D., NCHS Data Brief no. 352 (Hyattsville, MD, October 2019), https://www.cdc.gov/nchs/data/databriefs/db352-h.pdf.
2. Peter Daszak et al., "Infectious Disease Threats: A Rebound to Resilience," *Health Affairs*, 40, no. 2 (January 2021): 204–11, doi: 10.1377/hlthaff.2020.01544.
3. "Russia 'Meddled in All Big Social Media' around US Election," *BBC News* online, December 18, 2018, https://www.bbc.com/news/technology-46590890.
4. Roy F. Baumeister et al., "Everyday Thoughts in Time: Experience Sampling Studies of Mental Time Travel," *Personality and Social Psychology Bulletin*, 46, no. 12 (December 2020): 1631–48, doi: 10.1177/0146167220908411.
5. "Wedding Services in the US—Market Size 2005–2027," IBIS World, April 29, 2021, https://www.ibisworld.com/industry-statistics/market-size/wedding-services-united-states/.
6. John Lane, *Timeless Simplicity* (Cambridge, UK: Green Books, 2001).
7. Laurie Santos, "Laurie Santos, Yale Happiness Professor, on 5 Things That Will Make You Happier," *Newsweek*, January 8, 2021, https://www.newsweek.com/2021/01/08/issue.html.
8. Xu Guifeng et al., "Twenty-Year Trends in Diagnosed Attention-Deficit/Hyperactivity Disorder Among US Children and Adolescents, 1997–2016," *JAMA Network Open*, 1, no. 4 (August 2018), doi: 10.1001/jamanetworkopen.2018.1471.
9. Viktor Frankl, *Man's Search for Meaning* (Boston: Beacon Press, 2006), 104.
10. Barbara L. Fredrickson and Marcial Losada, "Positive Affect and the Complex Dynamics of Human Flourishing," *American Psychologist*, 60 no. 7 (October 2005): 678–86, doi: 10.1037/0003-066X.60.7.678.
11. Felicia Huppert and Timothy So, "Flourishing across Europe: Application of a New Conceptual Framework for Defining Well-Being,"

*Social Indicators Research*, 110, no. 3 (February 2013): 837–61, doi: 10.1007/s11205-011-9966-7
12. TED, "The 'Dementia Village' That's Redefining Elder Care | Yvonne van Amerongen," YouTube video, April 8, 2019, https://www.youtube.com/watch?v=YSZhrxOkBZI.

## Chapter 5: Flourishing

1. Mike Dash, "The Story of the WWI Christmas Truce," *Smithsonian Magazine* online, December 23, 2011, https://www.smithsonianmag.com/history/the-story-of-the-wwi-christmas-truce-11972213/.
2. Chun-Yin San, "Democratising the Future: How Do We Build Inclusive Visions of the Future?," *Nesta*, December 20, 2017, https://www.nesta.org.uk/blog/democratising-the-future-how-do-we-build-inclusive-visions-of-the-future/.
3. Ewing Marion Kauffman Foundation, "At the Corner of the Future: Kansas City's World Building Pilot," Kauffman.org video, July 26, 2018, https://www.kauffman.org/currents/at-the-corner-of-the-future/.

## Epilogue

1. Hilary Greaves and William MacAskill, "The Case for Strong Longtermism," University of Oxford Global Priorities Institute, accessed August 29, 2021, https://globalprioritiesinstitute.org/wp-content/uploads/2019/Greaves_MacAskill_The_Case_for_Strong_Longtermism.pdf.